塔 木 德

（精华版）

塞妮亚 编译

上海三联书店

出版前言

　　《塔木德》(Talmud) 一书是犹太人继《圣经》之后最重要的一部典籍，又称犹太智慧羊皮卷，或犹太 5000年文明的智慧基因库，是揭开犹太人超凡智慧之谜的一把金钥匙。

　　公元 70 年，犹太民族的圣殿被毁以后，一代又一代的犹太先哲为了生存和民族精神的延续，持续不懈地向其人民宣讲和阐释《旧约》的前五章，称作《摩西五经》《律法书》或《托拉》，也称《犹太教法典》，试图使人民不至于忘记了"上帝的律法"。这些通过口头讲述的内容汇编成集后，也称"口传圣经"或《塔木德》，成书于公元 3 世纪到 5 世纪。广义的《塔木德》包括《密西拿》和《革马拉》。《密西拿》的内容主要是犹太拉比和先哲们对《旧约》的讲解和阐释，《革马拉》的内容则是犹太学者对前者的评述和讨论。《密西拿》共 6 卷 63 篇，两者加起来的戒律为 613 条，其中正诫 248 条，反诫 365 条。狭义的《塔木德》单指《革马拉》这一部分,《革马拉》又可分为两大体系——巴比伦《塔木德》与巴勒斯坦《塔木德》。一般意义上的《塔木德》专指巴比伦《塔木德》。

《塔木德》全书 20 卷, 总计 12000 多页, 250 多万字, 内容庞杂, 卷帙浩繁, 头绪纷纭, 大至宗教、律法、民俗、伦理、医学、迷信, 小到起居、饮食、洗浴、着衣、睡眠等, 无所不包。它以《旧约》的箴言为开端, 接着是神话故事、诗歌、寓言及道德反省和历史回忆, 题材广泛, 内容鲜活生动, 虽然其中三分之一是《米德拉西》, 即训诫和道德说教, 但丝毫不让人觉得生硬和僵化。如果说《旧约》是一部永恒的书, 那么《塔木德》则是犹太人日常生活的伴侣, 充满着生命的智慧和化解危机的良谋。它不是史书, 却在谈史; 它不是人物志, 却在述说人物; 它不是百科全书, 却包罗万象。正是它孕育了西方文明的模式, 成为犹太智慧的源泉, 与《圣经》、柏拉图的《理想国》、亚里士多德的《政治学》和伊斯兰的《古兰经》, 并称为影响人类文明的巨著, 是真正的传世经典。

《塔木德》在世界上广泛流传, 大约被译成 12 种语言。尤其是犹太人人手一册, 从生到死一直研读, 常读常新。它不仅教会了犹太人思考什么, 而且教会了他们如何思考。它用一种始终如一的声音, 构建了犹太人的世界观。它宛如一位和蔼可亲的朋友或思想深邃的学者, 始终和每一个犹太人进行交谈和讨论，并穿透琐细的生活，让人感觉到鲜活的智慧和触及万物的力量。

《塔木德》真正的中译本一直没有出版，坊间流行的各种所谓"塔木德大全"之类的书籍，皆是生搬硬套、胡乱拼凑的犹太人当代"小故事"。本书遴选翻译《塔木德》的精彩篇章，删除了原书中宿命论、神秘文化等唯心主义章句，重新编排了体例，以适应现代人的阅读习惯。

原书体量庞大，编译工作浩繁，不免有讹误之处，欢迎批评指正。

感谢给予此书出版以帮助的人们。

目录 《《《《

1500名犹太智者5000年的人生智慧

第一章　自己与他人

　　如果我们不为自己努力，我们靠谁？

　　如果我们只为自己努力，我们成了什么？

　　如果我们现在还不明白，我们什么时候才明白？

成为你自己

你的生命和你的邻居的生命一样有价值。你的需要和他人的需要一样应该满足。要达到自我的满足，必须把注意力及财富施及家人、朋友和社会，必须从只想着自己转变为强调自我以外的世界。自我实现并不是要隐退于我们这个堕落的世界之外，也不是要沉溺于自我陶醉之中，要实现自己的价值必须参与社会生活，并对这个世界能有所贡献。

要尊敬自己，但不要傲慢；尽情享受生活的赐予，但不要成为财富的奴隶；要为成功而努力进取，但不要过分夸耀自己的显赫，要适度；要培养自己的能力又不要过分沉溺于自我。

如果我们不为自己努力，我们靠谁？

如果我们只为自己努力，我们成了什么？

如果我们现在还不明白，我们什么时候才明白？

当一个人死后升入天堂，他会被问道：

你是否诚实地工作了？

你是否腾出时间用于学习？

你是否参与繁衍后代的生殖活动？

你是否努力地自救？

你是否探讨智慧的哲理？

你是否深入探求事物的本质？

一次，艾黎扎饥肠辘辘但无物可食，于是，他昏倒了，慢慢地进入了梦乡。他梦见上帝坐在他身旁。

"我还要在这世上受多少苦？"他问上帝。

"我的孩子，"上帝回答道，"你是否希望我把这个世界再恢复到初始阶段？如果那样的话，你会成为幸福之人。"

"难道让世界充满灾难，只有我自己的生活会好些？"艾黎扎回答道，"不，我不同意。"于是他选择了过贫苦生活这条道路。

先哲对世界的看法中，没有灰心和自怜。

你对生活奉献多少，你就会从生活中得到多少。

你来自何方

注意以下三件事，你就不会陷于罪恶的魔爪。

知道自己来自何方，了解自己去往何处，明白自己向谁倾吐真情和叙述经历。

"你来自何方？"我是一粒堕落的尘埃。

"你去往何处？"我去往一个尘埃飞扬、蛆虫爬行、混乱一片的地方。

"你向谁倾诉心声和经历？"向上帝,向最神圣的上帝,上帝保佑。

凡事皆有定数，天下万物都有定时：

生有时，死有时。

栽种有时，收获有时。

杀戮有时，医治有时。

拆毁有时，建造有时。

哭有时，笑有时。

哀恸有时，欢乐有时。

投石有时，聚石有时。

怀抱有时，放手有时。

寻找有时，失落有时。

保存有时，舍弃有时。

撕裂有时，缝补有时。

静默有时，言语有时。

喜爱有时，憎恶有时。

争战有时，和平有时。

幸福生活的定义

美好、力量、财富、荣誉、智慧、满足、孩子，属于
那些懂得怎样正确生活的人们，属于这个世界。

尽情地咀嚼美味，痛快地开怀畅饮，这一切早已被上
帝准许。

让你的衣服洁净无尘，让你的前额闪着亮光，与你心
爱的姑娘一道去享受生活的欢畅。

大地上飞逝的时光都属于你们——所有正在飞逝的
时光。

这是你可以从生活中得到的，这个世界可以赐予你的。

尽你之力追求幸福，

因为你正走向另一个世界，那里没有理性，没有知识，
没有智慧……

对于年迈的老人，请允许他享受美好的晚年，记住黑暗的日子即将来临，唯一的将来就是虚无！

物质上的欢乐是从不存在的，因为罪孽总是随之而来。

例如……当一个人染上了大吃大喝的恶习以后，任何一次奢侈机会的丧失对他都将是一场灾难。为了维持他所习惯了的餐宴，他将不得不卷入险恶的金钱交易之中，伴随而来的便是谎言、虚伪、贪婪……然而只要他拒绝那种享受欲望的引诱，他将避免这一切罪孽。

更多的肉食，意味着更多的蛀虫。

更多的拥有，意味着更多的担忧。

更多的妻子，意味着更多的巫术。

更多的女仆，意味着更多的淫邪。

更多的男佣，意味着更多的抢劫……

有个人住进了华沙的一家客店。晚上，他听到邻居家传来音乐和跳舞的声音。

"他们准是在庆祝婚礼。"他想。

第二天晚上，他又听到了同样的声音。第三天，第四天，依然如此。

"一个家庭怎么会有这么多婚礼？"他问客店老板。

"那所房子是婚礼大厅，"老板答道，"今天是这家举行婚礼，明天则是另外一家。"

"啊，这正像我们居住的这个世界，"拉比说，"人们都在享受幸福和欢乐，只不过有时是这些人，有时是另外一些人。没有人能够永远幸福。"

控制你的情绪

犹太传统认为，有些愤怒是允许的，并且认为这些愤怒是重要的和不可或缺的，那就是对不公正表示愤怒。但是那种毫无节制地对别人表示愤怒，那种失去理智的愤怒，那种毫不顾忌他人的愤怒则是应该受到谴责的。

一个人的性格可以从他对三件事的态度上看出来。这三件事是：饮酒、花钱和愤怒。

也有人认为可以从开玩笑的方式看出来一个人的性格。

人的性情有四种：

容易激怒也容易平息的人——他的所得被其所失抵消了。

很难激怒也很难平息的人——他的所失被其所得抵消了。

很难激怒却很易平息的人——圣人。

很易激怒而又难以平息的人——恶人。

在盛怒中撕破其衣衫，在盛怒中砸碎其家当的人，最后会拜倒在偶像之下。

因为，这是邪恶的冲动艺术。它今天对他说："撕破你的衣衫。"明天它对他说："崇拜偶像。"

于是，他就拜倒在那些偶像面前。

有一个虔诚但性情急躁的人，每当与别人争执起来，他不是以回答别人开始，而总是以喊叫和咒骂开始。可他一旦平静下来后，又为自己的行为懊悔。于是，他去求教一位先哲："我怎样才能避免在气愤时辱骂别人呢？"

先哲回答道："把骂人的话放在自己身上，或者在骂人之前想一想：'我骂别人的话会不会落在自己的头上呢？'这样一来，你就不会骂人了。"

这个人不愿这样做，而是采用了另一种方法。每次骂人后，他总是给挨骂者一份颇厚的礼物。他把这些礼物看作自己骂人所付出的昂贵代价，这使他渐渐控制了自己的情绪，而且向人施舍礼物也是对自己坏脾气的一种补过行为。

一次，两个人决定打四百祖兹的赌。他们商定："谁把希勒尔激怒，谁将获得四百祖兹。"

其中一个去试探。当时正值安息日前一天，暮色将至，希勒尔正在洗头。那人走来敲门。

"希勒尔在哪儿？希勒尔在哪儿？"他大声叫道。

希勒尔穿上袍子出来见他："我的孩子，什么事？"

那人答道："我要打听一件事。"

希勒尔说："讲吧。"

那人问："塔德莫利特人为什么视力不佳？"

希勒尔回答："因为他们的家建在沙漠里，刮风时，沙子吹进他们的眼睛，因此，他们的视力不佳。"

那个人走了，过了一会儿他又返回来敲门。

"希勒尔在哪儿？"他喊道，"希勒尔在哪儿？"

希勒尔穿上长袍走出来，说："我的孩子，什么事？"

那个人回答说："我想问一件事。"

希勒尔说："讲吧。"

那个人问道："为什么非洲人是平足？"

"因为他们聚居在多水的沼泽边上，"希勒尔说，"他们总在水里行走，因此他们是平足。"

那个人走了，过了一会儿又折回来敲门。

"希勒尔在哪儿？"他大叫，"希勒尔在哪儿？"

希勒尔穿好长袍，出来问他："你想提什么问题？"

那个人说：“我要问一些事。”

“问吧。”他穿着长袍坐在那个人面前说，“什么事？”

那个人说：“这是王子回答问题的方式吗？在以色列大概没有像你这样的人了！”

“但愿此事不曾发生！”希勒尔说，“锤炼你的精神吧！你要问什么？”

那个人问：“为什么巴比伦人的脸那么长？”

希勒尔回答说：“我的孩子，你提了一个重要的问题。因为在巴比伦没有技术娴熟的接生婆。小孩子一出生，奴隶和女仆就把他们竖抱在膝盖上照料，因此，巴比伦人的脸是长的。在这儿，接生婆技术高超，小孩子一出生就放在摇篮里照料，所以他们的头是平放的，因此巴勒斯坦人的脸是圆的。”

“你已经使我与那四百祖兹无缘了！”那个人惊叫起来。

希勒尔对他说：“希勒尔宁可叫你输四百祖兹，也不会发脾气。”

灵活一点儿

一个人总要像芦苇秆一般柔顺，而不要像雪松那样刚直。

当风吹来的时候，芦苇就顺势弯一下，而风停下来后，它又在原来的位置上挺得笔直。芦苇的尖儿又怎么样呢？它的好运气又使它能够用来做书写《圣经》的笔。

而雪松呢，连其生命都难保住，因为一旦有风吹来，它就会连根倒下，断裂。它的树枝又怎么样呢？伐木工来了，劈劈砍砍就用来盖在房顶上——剩下的，它们就被抛进了火里。

说话谨慎

像其他方面一样，犹太教拉比强调讲话时要克制。他们说，一旦说了一句话，就像一支射出的箭，永远也不能收回。

拉比迦马列对他的仆人塔白伊说："去集市给我买些好的食物。"

仆人去了，带回一只舌头。

他又告诉仆人说："去集市给我买些坏的食物。"

仆人去了，又带回一只舌头。

拉比问他："我说'好的食物'，你带回一只舌头；我说'坏的食物'，你也带回一只舌头。这是为什么？"

他回答："它是善和恶的根源。当它善的时候，没有比它更善的了；当它恶的时候，没有比它更恶的了。"

一个波斯国王病入膏肓。他的医生告诉他，活下来的唯一希望就是喝母狮子的奶。这位国王转向他的仆人们，问道："谁愿意去为我弄母狮子的奶？"

"我愿意，"一个人回答道，"如果您能给我十只羊。"

这个人带着羊，来到一个狮穴旁，一只母狮子正在给它的孩子们喂奶。第一天，这个人站在一定距离外，扔给这只母狮子一只羊，母狮子很快地把羊吞吃了。第二天，他靠近了一点，又扔过去一只羊。就这样，十天后，他和这只母狮子交上了朋友，他可以抚摸它，和它的孩子们玩耍，最后，他弄到了母狮子的奶，就回来了。

半路上，这个人做了个梦，梦到他身体的器官互相吵架，他的脚说："任何器官都不能和我们相比。如果不是我们走到母狮子身旁，这个人就不会把奶带给国王。"

手回答道："但如果不是我们弄到奶，他就没有奶给国王。"

"但是，"眼睛说，"如果不是我们指路，他就做不了任何事情。"

"我比你们都强，"心叫喊道，"如果不是我想出这个计划，你们什么都做不成。"

"我是最好的，"舌头说道，"因为我不说话，你们能做什么呢？"

"你怎么敢和我们相比？"身体的所有器官都嘲笑它，"你只能待在那黑暗的令人沮丧的地方，身上连块骨头都没有。"

"你们会明白的，"舌头说，"今天你们就会说我统治着你们所有的器官。"

这个人醒了，继续赶路。他来到国王的卧室，说道："这是我给您弄的狗奶。"

"狗奶？！"国王大怒，"我要的是母狮子的奶。把这个人拉出去吊死！"

在拉出去的路上，这个人身体上的所有器官都开始发抖。

于是，舌头对它们说："我告诉过你们，我比你们都强。如果我救了你们，你们承不承认我统治着你们？"它们都很快地同意了。

"把我带回去见国王。"舌头对执行者喊道。这个人被带回到国王面前。

"您为什么要吊死我？"这个人问道，"这奶能治好您的病。您难道不知道母狮子也有被称为'母狗'的时候吗？"

国王的御医接过奶，仔细检查了一番，证实这奶确是母狮子的奶。国王喝了母狮子的奶后，病很快就好了。

由于这个人弄到的母狮子的奶而使国王御体康复，于是，国王重奖了他。现在，身体的所有器官都转向舌头："我们向您鞠躬致敬，您是我们的统治者。"它们恭顺地说。

这段寓言的意思是：舌头能置人死地，也能救人生还。

与智者同行

谁是智者？向所有人学习的人。

聪明的人不在比他更聪明的人面前乱讲话；

他不会打断他伙伴的讲话；

他不匆匆忙忙地回答问题；

他问有关的问题，回答切中要点；

他先说先知道的事，后说后知道的事；

未听到的事，他说："我未有所闻。"

他正视真理。

他反对迁讹。

一个人的著作超过了他的智慧，他可以和什么相比呢？一棵树的树枝异常茂盛，但树根却很少、很短，大风一来，就会把它连根拔掉。

一个人的智慧超过了他的著作，他可以和什么相比呢？

一棵树的树枝很稀少，但树根却很长、很多。即使世界上所有的风一同向它吹来，猛力地吹，也不能把它吹倒。

所以说："他必像树栽于水旁，在河边扎根：炎热到来，并不惧怕，叶子仍必青翠，在干旱之年毫无顾虑，而且结果不止。"（《耶利米哀书》17：8）

《圣经》上说："和智者同行，必得智慧；和愚者为伍，必将毁灭。"（《箴言》13：20）

这和什么相比呢？和一个进了香料行的人相比。虽然，这个人不买什么，也未从商店取走什么，但香味却已附在他衣服上，一整天也不会散去。

但如果一个人走进皮革商店，即使他什么也不买，什么也不拿，他的衣服也会变脏，坏的气味整天都会附在他的衣服上，久久不散。

关于生活的三条忠告

一次，一个猎人捕获了一只能说七十种语言的鸟。

"放了我，"这只鸟说，"我将告诉你三条忠告。"

"先告诉我，"猎人回答道，"我起誓我会放了你。"

"第一条忠告是，"鸟说道，"做事后不要懊悔。"

"第二条忠告是：如果有人告诉你一件事，你自己认为是不可能的就别相信。"

"第三条忠告是：当你爬不上去时，别费力去爬。"

然后鸟对猎人说："该放我走了吧？"猎人依言将鸟放了。

这只鸟飞走后落在一棵高树上，向猎人大声喊道："你真愚蠢，你放了我，但你并不知道在我的嘴中有一颗价值连城的大珍珠，正是这颗珍珠使我这样聪明。"

这个猎人很想再捕获这只鸟，他跑到树跟前并开始爬树。但是当爬到一半的时候，他掉了下来摔断了双腿。

鸟嘲笑他并向他喊道："笨蛋！我刚才告诉你的忠告你全忘记了。我告诉你一旦做了一件事情就别后悔，而你却后悔放了我。我告诉你如果有人对你讲你认为是不可能的事，就别相信。但你却相信像我这样一只小鸟的嘴中会有一颗很大的珍珠。我告诉你如果你爬不上某东西时，就别强迫自己去爬。而你却追赶我并试图爬上这棵大树，还掉下去摔断了你的双腿。这本箴言上所说的就是你：'对聪明人来说，一次教训比蠢人受一百次鞭挞还深刻。'"

说完鸟就飞走了。

不要为明天的问题担忧，因为你并不知道明天会给你带来什么。

明天将会来临，而你却不能永存，所以你在为一个不属于你的世界担忧。

不要向一个怀疑你或因妒忌而揭露你的意图的人求教；

不要向一个妇女请教有关她对手的情况，也不要向懦夫请教有关战争的事情；

别向商人请教有关交易的事情，也别向进货商打听销售情况；

别向守财奴请教有关免费的事情，也别向硬心肠的人请教有关善良的行为；

别向懒汉请教有关任何工作的事情，别向临时工请教怎样完成一项工作，也别向懒惰的雇员请教怎样完成一项需准确完成的任务——别指望从他们那儿得到任何忠告。

你要依靠的人，应该是一个虔诚的人。你应了解他熟知圣训，他的利益与你自己的利益相同。如果你遇到了挫折，他会表示同情。

必须相信你自己的判断力，因为它是你最可靠的顾问。

有时，一个人的头脑所了解的东西，比七个站在高塔上的看守人了解的东西更多。

但是，首先要向上帝祈祷，以保佑你寻求真理顺利。

我的孩子，在所有的谦逊中，要保持你的自信并估价你自己的真实价值。

谁会为自己的敌人说话？

谁会尊敬贬低他的人？

一个自大的人甚至在他自己的家庭中也得不到承认……

起先，他的家庭成员会赞成他的每一句话，但过一段时间后，他们会发现他令人反感。

萨麦学派与希勒尔学派争论了三年。

前者说："法律与我们的观点一致。"

而后者说："法律与我们的观点一致。"

然而，一个来自天堂的声音宣告："你们各自的观点都来自上帝，但法律与希勒尔学派的解释一致。"

既然这两种学派的解释都是"上帝的意思"，为什么法律却固定由希勒尔学派的观点解释？

这是因为希勒尔学派的信徒们仁慈而且谦虚。他们不仅研究萨麦学派的规则，他们甚至提到，这些规则是在他们自己的规则之前……

这件事告诫你：任何谦逊的人，上帝将保佑他得到提高；任何自我提高的人，上帝将保佑他谦逊。

伟大的荣誉将离开那些追求荣誉的人。但是，伟大的荣誉将跟着那些躲避荣誉的人。

什么是成功

当人们离开这个世界时，连他们愿望的一半也实现不了。

一个有一百元钱的人会希望得到两百元；一个有两百元钱的人会希望得到四百元。

强求时机的人，将受到时机的排斥；服从时机的人，会发现时机就在他身边。

勃迪切夫的拉比看见一个人急匆匆地走着，目不斜视。

"你为什么走得这样匆忙？"他问这个人。

"我在追赶我的生计。"这个人回答道。

"那你怎么知道你的生计在你前面奔跑，以至于你这样去追赶它？"拉比说道，"也许它在你的后面，你只需要站在这儿等着它呢。"

一个人受的训导越多，他受到极端情况（好的机会和坏的机会）的影响就越少，因而当他遇到世界上最大的好运气时（哲学家们称为"不可想象的精华"），他也既不会因此而兴奋，也不会从他自己的眼睛中流露出特别的炫耀和自豪。

而当巨大的不幸和苦难降临到他身上时，就像许多在世界上发生的苦难一样（哲学家们称之为"天大的不幸"），他既不会吃惊，也不会受到恐吓，而是很好地忍受这一切。

当一个人期望着事物的真实本质和实在的自然知识时，他会得到一种才智。据此，他能理解一个人在其一生中并不能总遇到世界上最美好的事情，因为当一个人到达晚年时，其价值会降低，并变得很衰弱，随时可能死亡。他的死亡像其他生物一样，这时他又能得到什么益处呢？

因而，这是世界上最大的苦难。当他想到他无法逃脱死亡时，任何苦难与死亡的苦难相比都要小得多，这是毫无疑问的。因而，遇到一件较为不幸的事情要比遇到这件人人都不能摆脱的最不幸的事情要好得多。

从前，有一个狮子，又老又在患病。它的生殖器官患了病，因而它的精神很痛苦。它的命运很难确定，不知是会活下去还是会死亡。

在这只狮子的病痛中，远在天边的所有家畜和兽类都来看望这只狮子。其中一些是出于爱护来看望病情，一些是来观其痛苦，一些是来接替它的统治，一些是来了解在其之后谁会成为统治者。

狮子病得十分厉害了，它已不能表示它是活着还是死去了。牛走过来并以角抵伤它，试它的力气是否已经耗尽；小母牛用它的蹄子踩它；狐狸用其牙齿咬它的耳朵；母羊用尾巴刷着狮子的髭，并说道："它什么时候死？它的名字也会消亡吗？"而公鸡去啄它的眼睛，并啄碎了它的牙齿。

这时，狮子的灵魂又返回了它的躯体。当它看到它的敌人在幸灾乐祸地注视着它时，它喊道："哎呀，当我信赖的管理者看不起我时，当我的权力和荣誉不再为我所有时，往日的奴仆就在我头上称王称霸了。以前爱戴我的人现在也变成了我的敌人。"

这个寓言说明，当一个人具有财富和荣誉时，他的朋友都尊崇他。但当灾难降临到它身上时，当他失去势力和丧失地位时，这些爱戴过他的人就会离开他。

爱所有的人

"爱你的邻里如同爱你自己。"拉比阿基巴说，"这是《塔木德》至高无上的原则。"

一天，一个异教徒到哲人沙迈那里，对他说："如果我用一只脚站着，你能把犹太教全部经文教给我，我就改信犹太教。"

沙迈用手中握着的刻有量度的竿把他赶走了。

这个人来到希勒尔面前，又说了同样的话。

希勒尔对他说："己所不欲，勿施于人。这就是犹太教全部经文的核心，其余都是对经文的解释——请回吧，好好学去。"

加伯纳的拉比们喜欢这么说：

"我是上帝的造物，我的邻里也是上帝的造物。

"我在城市工作，他在农村干活儿。

"为了工作，我早早起来，他也早早起来去干他的活儿。

"他干我的工作不会出色，同样我也干不好他的活儿。

"你能说我做的是大事情，他干的是小玩意儿吗？"

我们懂得了，一个人做得多或者干得少，没有什么关系，只要他对上帝一片忠心。

一个人不要在睡觉的人们中间醒着，或者在醒着的人们中间睡觉；

不要在欢笑的人们中间哭泣，或者在哭泣的人们中间欢笑；

不要在其他人站着的时候坐着，或者在其他人坐着的时候站着；

不要在其他人念《圣经》的时候读犹太教法典，或者在其他人读犹太教法典时念《圣经》。

总之，一个人决不要从周围人们的习惯中游离出来。

一个人始终要设法同他的朋友、亲人，同所有的人，甚至街上的异教徒，保持最良好的关系，使得他可能在天堂受到厚爱，在人世受到欢迎，被他的同胞们所亲近。

据说，约哈南拉比从来没有让人先向他问候，总是他先打招呼，即使对街上的异教徒也是如此。

朋友们

一个富人有 10 个儿子。他郑重地向他们宣告，当他快要死去时，他会给他们每个人 100 第纳尔。

然而，随着时间的推移，他失去了一部分钱，只剩下 950 第纳尔了。于是，他给了上面的 9 个儿子每人 100 第纳尔。对最小的儿子，他说：

"我只剩下 50 第纳尔了，其中，我还得拿出 30 个来作为丧葬费，因此只能给你 20 个。但是我有 10 个朋友，我把他们告诉给你，他们要胜过 1000 第纳尔。"

这个人把最小的儿子托给了他的朋友们，不久以后，他就死了，也被埋葬了。

9个儿子各自走了，最小的儿子慢慢地花着留给他的那些第纳尔。当他只剩下最后一个时，他决定用它来招待他父亲的10个朋友。

他们和他一块儿吃了喝了，然后互相说道："所有弟兄中他是唯一仍然关心我们的一个。他这么好心好意，我们也应该有所报答。"

于是，他们每人给了他一头怀着崽的母牛和一些钱。等到牛犊生下，他把它们卖掉，用那些钱做生意。上帝赐福，使他比他的父亲更富有。

于是他说："确实，我父亲说得对，朋友比世界上所有的钱都更有价值。"

有两个好朋友被战争分开，在不同的国家里生活。一次，其中一位来看他的朋友，因为是从敌对的城市来的，他被关了起来，并要被当作间谍处以死刑。

不论他怎么辩白，都没有能够拯救自己，因此他向国王请求恩典。

"陛下，"他说，"请给我一个月的时间，只要一个月，让我回去把事情处理一下。这样，我的家人在我死后就能得到照顾。在一个月的最后一天，我回来服刑。"

"我怎么能相信你能回来呢？"国王回答，"你用什么来担保？"

"我的朋友就是担保，"这个人说，"如果我不回来，他会替我去死。"

国王召来了这个人的朋友，使他惊奇的是，那朋友同意这个条件。

这个月的最后一天，太阳快落山了，那人还没有回来。国王命令他的朋友替他去死。当刀子就要砍下去时，那人回来了，一下子把刀拉到自己的脖子上，但是他的朋友止住了他。

"让我为你死吧。"他恳求道。

国王深受感动。他命令把刀拿开，赦免了他们两个。

"你们两人之间的友爱竟然如此伟大，"他说，"我请求你们，让我作为第三个成员和你们在一起。"从那天以后，他们就成了国王的朋友。

正是在这一精神中，我们的先哲们才说："给你自己找个伴儿。"

当你交一个朋友时，先考察考察他，不要急于信任他。

有些朋友，当事情对他们有利时，他们是忠诚的，但是有了困难就抛弃了你。

有些朋友倒向敌人一边，使争吵公开，来羞辱你。

还有的朋友吃着你的，但在困难时哪儿也找不到他。当你繁荣昌盛时，他会是你的心腹，跟你的仆人们打得火热；但如果你败落了，他就掉过头来反对你，再也不会来见你。

对敌人你要保持距离，对朋友也要留点神。

一个忠实的朋友是一个安全的庇护所，谁找到一个这样的朋友，谁就找到了财宝。

一个忠实的朋友是没有价钱的；他的价值不是金钱所能计量的……

不要抛弃老朋友，新的朋友没有那么多的价值。

新的朋友像新的酒，没有酿成你喝起来就不痛快。

应尽力避开的人

有四种人是不能容忍的：傲慢的穷人，阿谀奉承的富人，好色的老人，擅作威作福的首领。

好生气的人，不可与他结交。

有一种徒有其表的人，自以为了不起，高人一等，值得别人称颂，认为坐、站、行、走以及说话、做事都应有特殊的气派才行……他只和有身份的人说话，即使如此，也仅仅像神谕似的说短短几句。行动、姿态、吃、喝、穿着，都装腔作势，仿佛他的肉是铅做的，骨是石头做的。

有一种骄傲的人，觉得自己有些长处值得别人尊敬，因此理应引起普遍的畏惧，人人都应在他面前发抖。一个普通人怎么敢对他说话、问他问题？他的腔调使打算接近他的人退了回去。他用傲慢的回答压制人们，他一天到晚绷着脸……

还有另外一种人，希望由于他的优秀品德而受到注意，由于他的行为而受到表扬。他不满足于人人对他自以为具有的卓越才能所给予的赞扬，他希望人们的赞扬中包括他是最谦虚的人这一点。于是他对自己的谦虚感到自豪，希望得到荣誉，因为他假装逃避荣誉……他拒绝所有光荣的称号，也不接受晋级的呼吁，但他的心里却在想，"世界上没有一个人有我这样聪明和谦虚了"。这种自负的人，虽然竭力装得谦虚，却逃脱不了某些灾难，这灾难就像一堆燃着的枯枝使他骄傲的"火焰"迸发出来。这种人可以比作一间堆满稻草的屋子，这屋子到处是窟窿，稻草从窟窿里不断钻出来，过了一会儿，人人都知道屋子里有些什么东西了。人们很快就认出他不老实，他的谦虚不过是伪装罢了。

一个人除了他的儿子和他的弟子以外，嫉妒每一个人。

世界上有四种人：

第一种人说："我的是我的，你的是你的。"——这种人最普通。

第二种人说："我的是你的，你的是我的。"——这是愚蠢的人。

第三种人说："我的是你的，你的也是你的。"——这是圣贤。

第四种人说："我的是我的，你的也是我的。"——这是坏人。

防止错误

任何能够防止家庭成员犯罪而没有这样去做的人，都要为他家庭成员所犯的罪恶受到惩罚。

如果他能够防止他的同胞犯罪而没有去防止，他要为他的同胞的罪恶受到惩罚。

如果他能够防止整个世界犯罪而没有防止，他要由于整个世界的罪恶而受到惩罚。

如果一个人说话很灵，他就得大声说话；同样，如果一个人说话不灵，他就不该把话说出来。

对于人们来说，在被告诫他们正在干的事情是错的之前，由于无知而犯罪，要比故意犯罪好一些。因此，如果一个人知道得很确切，他的告诫不会被接受，他就不必提出来。但是如果他拿不定这种告诫会不会被接受，那么为了拯救他人的灵魂，他应该提出来。

如果有人向你请教可能会带来害处的事，就不要回答。当你知道，他早晨起来有可能被土匪抓去，就不要劝他早早起来，也不要让他在中午可能会中暑的时候出去。
不要劝说别人卖掉土地买驴子，以便可以使你自己得到那块土地。

你给了人家方便，不要反复地向他提起这件事。这是一个可鄙的习惯。
把下面这句箴言牢记在心中："你说的可以做，而你做的却不要去说。"

待客之道

盗贼有好多种：

首先，是窃取了人们的心的；

嘴上老是邀请邻人去玩，心里并不这么想的；

明明知道邻居不会接受他的礼物，还是继续不断地送去的；

使客人相信那桶酒是特意为他打开的，事实上，那酒早已卖给铺子了。（因为酒容易坏，人们打开了一桶酒，通常总是设法让铺子来买他们的酒。）

有一位巴尔·犹哈尼决定宴请罗马的一些显贵。他跟拉比艾黎扎商量。

拉比艾黎扎说："如果你打算邀请二十个人，你要备足二十五个人的食物；如果你打算请二十五个人，那就得备足三十个人的食物。"

可是，他只备足了二十四个人的食物，就邀请了二十五个人。

结果，他缺少了一盘菜——有人说，那是洋蓟丁。

他端上来一条金子做的鱼，把它放到没有菜盘的那位客人面前。客人把它扔到他的脸上，说："我能吃金子吗？"

巴尔·犹哈尼去到拉比艾黎扎那儿，对他说："确实，我不该告诉你这件事，因为你告诉过我应该怎么做，可是我没有照办。但是我想知道是上帝给了你们学者们启示，使你们知道了《圣经》的秘诀，他又让你们知道了招待客人的秘诀吗？"

拉比艾黎扎回答："他也启示了我们招待客人的秘诀。"

"你怎么知道的该如何办呢？"他问。

拉比艾黎扎回答："从大卫那儿知道的，因为那里写着：'押尼珥带着二十个人来到希伯仑见大卫，大卫就为押尼珥和他带来的人摆设宴席。'（《旧约·撒母耳记下》第三章）那里并没有只说'设摆宴席'，而是说了'和他带来的人'。"

一位善良的客人说什么呢？

"我的主人为我经受了多少麻烦，他给我摆上了那么多肉，他给了我那么多酒，他为我端来了那么多饼！他经受这些麻烦，完全是为了我的缘故！"

一个糟糕的客人说什么呢？

"这个主人为我做了些什么啊？我只吃了一片面包，我只吃了一块肉，我只喝了一杯酒！这个主人所以这么忙，完全是为了他的妻子和他的孩子们。"

一个客人在一户人家受到款待，应该在盘子里剩下些东西以表示多得吃不了。如果他把每样东西都吃掉，人们会说，那是因为给得不够。

但是，如果主人对他说："请不要客气。为什么把吃的东西扔掉喂狗呢？"那他就应该依从主人的意愿，不在盘子里剩下东西。再说，如果那家人把他剩下的东西扔掉，他就犯了浪费粮食的错误。

处世之道

在你的伙伴生气的时候，不要去使他心平气和；
当死者仍然躺在他面前的时候，不要去安慰他；
在他发誓的时候，不要向他提问题；
在他遭到不幸的时候，不要去看望他。

到别人家里去，没有打招呼就决不要进门。

在这方面，我们能够从上帝那儿学到礼貌，他待在伊甸园的外面，先不进去，而是招呼亚当。《圣经》上就是这样写的："耶和华上帝呼唤那人，对他说：'你在哪里？'"（《旧约·创世记》第3章）

不管你借给邻舍什么东西，不可进他家拿他的抵押品。

你要站在外面，等那向你借贷的人把抵押品拿出来。

如果一个人的屋顶高高地矗立在他邻居院子的旁边，他就应该在屋顶四周围上四腕尺高的板壁。

定下这条规则是有特殊理由的。院子的主人可能对屋顶的主人说："我使用我的院子有一定的时间，但是你使用你的屋顶就没有一定的时间。我无法知道你什么时候上顶层去，以便我可以避开你，保持我的隐私。"

有个人动手在他邻居的窗子对面垒一堵墙。

邻居对他说："你把我的光线给挡住了。"

他回答："我把你的窗子堵上，另开新的，让它们高出我的墙。"

"不，"邻居说，"这样，你就把我的墙弄坏了。"

"既然如此，"那个人说，"我把你的墙拆掉，一直拆到窗子，重新往上垒，让那上面的窗子高出我的墙。"

"上面新的，下面旧的，墙就不结实了。"邻居说。

"你要是愿意，"那个人说，"我把整堵墙都推倒，垒新墙，开新窗。"

"不，"邻居说，"一座旧房子，一堵新墙，这样不会结实。"

"既然如此，"他说，"让我把整座房子都推倒，造一座新的，开新的窗子。"

"房子拆了，我住哪儿去啊？"邻居说。

"我给你另租一所。"那个人说。

"我不想惹麻烦。"邻居说。

拉比哈玛说，这个邻居在法律上有十足的权利阻止垒这堵墙。

你若看见弟兄的牛或羊迷失了路，不可假装不见，而要把它牵回来，交给你的弟兄。

你的弟兄若离你远，或是你不认识他家，就要牵到你家去，留在你那里，等你弟兄来寻找时就还给他。

你的弟兄无论失落什么，或是驴，或是衣服，你若遇见，都要这样做，不可假装不见。

有些捡到的东西可以马上归捡到的人所有，其他的东西得贴出招领启事。

下面的东西可以归捡到者所有：零散的水果，零散的钱币，躺在大路上的小捆谷物，几块无花果馅儿饼，面包师烤的几块面包，几串鱼，几块肉，一些天然的羊毛……

捡到了下列东西，应该贴出招领启事：

装在箱子里的水果或者空箱子，装有钱的钱包或者空钱包，大堆的水果，大堆的钱币，三枚叠起来的钱币，私人田里的小捆东西，家里烤的面包，从厂子里搬出来的羊毛……

如果有人在商店里捡到了东西，那东西就归于他，如果东西是在柜台和店主的座位之间发现的,那是店主的……

一个把听到的教诲牢牢记住了的人在拉比纳曼面前背诵道:"一个人公开羞辱他的邻居,就像抽了他邻居的血一样。"

对此,拉比纳曼回答:"你说得好。我看到过,有人受到羞辱,脸上就没有血色,变得惨白了。"

阿巴叶问拉比迪米:"在巴勒斯坦,人们最小心避免的是什么?"

他回答说:"羞辱别人。"

有三种人要永远下地狱:和已婚妇女通奸的;公开羞辱邻居的;以丑化人的绰号称呼他邻居的,即使那人对这绰号已经习惯。

……对于一个人来说,把自己扔进烈火的熔炉里也要比公开羞辱他的邻人为好。

(在第二座圣殿被毁以后的年月里,一些学者有好几次被召集来,以便确定一年的月份和节日。这就是众所周知的定历法。)

一天,拉本·迦马列二世说:"派七位学者一大早到会堂去(确定历法)。"

早上他进来时,发现来了八位。

"没有得到允许的，必须出去。"他宣布说。

小萨缪尔站起来说："我就是那个没有得到允许的。但我并不是来参加定历法，我是因为想学习法律才来的。"

"坐下，我的孩子，坐下。"拉本·迦马列说。

"你当然有定历法的资格，但是拉比们规定，只有特别指派的人，才可以做这件事。"

其实，没有得到邀请的并不是小萨缪尔，而是另一位学者。萨缪尔自己出来承担，以免使另一位难堪。

如果一个人揪了另一个人的耳朵，抓了他的头发，唾了他的脸，脱掉他的衣服，或者，如果他在市场上揭开一个女人的面纱（已婚女子总是包住头，作为羞怯的标志），他必须付给那个人 400 祖兹。

有一次，一个男人在市场上揭开一位妇女的面纱，这件事情传到了拉比阿基巴那里，他做出的裁决是：冒犯者必须付给这位妇女 400 祖兹。

那人说："拉比，这钱我过几天给她吧。"拉比阿基巴同意了。

那人守着这个妇女。一天，他看到她站在院子门外，就在她面前打碎了一罐油。

这妇女揭开面纱，用双手把油捧起来，抹在脸上。那个男人找来了证人，然后同到拉比阿基巴那里。

"对这样的女人，我还得付 400 祖兹吗？"他问（意思是：她自己把面纱揭开，就没有羞怯可言了）。

拉比阿基巴说："你的理由在法律上站不住脚。虽然一个人伤害自己是不容许的，可是这样做了的人，并不必付罚款。但如果是其他人损害了他，他们就要负法律责任。

"同样，一个人砍倒自己的树木，尽管不合法，但不用付罚款。如果别人砍倒他的树木，那就要负法律责任了。

"一个人犯了罪，忏悔了，人们就不应该对他说：'别忘了你以前干的事。'

"如果他是皈依犹太教者的儿子，他不应该受到讥讽：'别忘了你祖先干的事。'

"如果他本人皈依犹太教，去学习《圣经》，人们就不应该对他说：'吃过不洁的、被禁止的食物的嘴……难道也来学习全能的上帝的嘴所说的最高真理吗？'"

不论谁把别人的事拿来说长道短，都是违反禁律的，因为《圣经》上说："不可在民众往来中搬弄是非。"（《旧约·利未记》19 章）

谁是搬弄是非的人呢？是这样一种人，他爱管闲事，走东家，串西家，说"××这样说"、"我听到某××说了什么什么"。即使说的或传的事是真实的，搬嘴弄舌的人所起的作用仍然是极坏的。

在这个禁律的范围内还有一个更为严重的罪恶，那就是毒舌。这意味着不能说任何人的坏话，即使所说的事都是真的。但如果说了假的，那就是诽谤了。

所谓毒舌，说的是这样一种人，他在同伴中间说："那个人做了这样一件事"、"××的祖先是干什么什么的"、"我听说，他有这么一件事"，接着就胡说八道起来了……

有些说话的句式可以称作"毒舌喷出的毒液"，如"谁想得到××竟会是这样"或者"××的事可不能说，我不想说，他出了什么事"……

同样要谴责的，是说坏话入了迷而且还耍花招的人。就是说，装出一副清白无辜的模样，好像根本不知道他所说的是坏话似的……

要注意并且懂得，一个人听到诽谤的坏话而表示赞同，就像说的人一样坏，因为人人都会说："听到了的人都同意了，那还有错？"

即使对搬嘴弄舌的人仅仅是听着不作声，也会造成相信说的是真话这种印象，这样也就帮助扩散了恶，给邻人带来耻辱，鼓励诽谤者到处去放毒。

不要说朋友或敌人的长短；除非沉默会使你成为同谋犯，决不要泄露一个人的秘密。

假定他已经听到了，并且在考虑不信任你，一有机会，他就显示出他的仇恨来。

你听到谣言了吗？让它在你这儿熄灭。不用害怕，它不会把你给炸了的。

一个蠢人有了一个秘密，就像女人生孩子似的痛苦万分。

一个人伤害了别人，要在五个项目上负罪责，它们是：损害、伤痛、治疗、时间的损失和屈辱。

损害怎样估计呢？如果是抠出了眼珠，折断了手臂，或砍断了腿，受害者就被当作一个在市场上卖掉的奴隶那样来考虑。然后，估计他以前值多少钱，现在又值多少钱。

伤痛——如果是把他给烧伤了，我们要找出同样地位的一个人承受这样的伤痛要付多少价钱。

治疗——如果是把他给打了，打的人就得支付医药费……

时间的损失——为了估计这项损失，可以把受害者看作一个黄瓜地的看瓜人……

屈辱——根据受害者和伤害者的情形做出估计。

什么是结仇，什么是怀恨呢？

如果一个人向另外一人借镰刀，后者拒绝了。第二天，第二个人向第一个人去借斧子，第一个人回答说："我不借给你，因为你没有借给我镰刀。"——这就是结仇。

但是如果一个人向另一个人借斧子，而那个人没有借给他。第二天，这第二个人向第一个人借外套，第一个人回答："给你。我可不像你，不把东西借给我。"——这就是怀恨。

由于刚愎自用，人们是很难避免恨和仇的。

一个人对耻辱是很敏感的，遭到了耻辱，就难以忍受。报仇对他来说，比蜜还甜；报不了仇，他简直就坐立不安……

恶这个倾向总是要激起我们的愤怒，不断地竭力使我们把邻人让我们受的委屈记住……

它是这样说的："那个人在你有困难求他时，他拒绝了。现在来求你了，你也不用高高兴兴给他，你尽可以不报复，但也不一定要做他的恩人……"

那恶的倾向就是用这些以及类似的诡辩，力图诱惑我们的心。因此，《圣经》才定下了一个总的规则，这规则把所有这些可能性全都考虑进去了：

"爱你的邻舍如同爱你自己。"——如同爱你自己，没

有不同或者差别，没有托词或精神上的保留，确实像爱你
自己一样。

　　如果你对同伴做了一件小错事，那么让它在你的眼里
看得很严重；但是如果你给同伴做了许多好事，那么让它
们在你的眼里算不得一回事。
　　如果你的同伴给你帮了一点忙，那么让它在你的眼里
当成一件大事；如果你的同伴对你做了大坏事，就让它在
你的眼里当成小事儿。

　　谁是强者？化敌为友的人。

第二章　婚姻与家庭

男人只要娶了妻，他的罪恶也就埋葬了，因为据说得着贤妻的，是得着好处，也是蒙了耶和华的恩惠。

妇 女

据说有位虔诚的男人娶了一位虔诚的女人,因为没有孩子,他们离婚了。这男人又娶了一个邪恶的女人,这女人使他也成了恶人;而那位虔诚的女人又嫁给了一个邪恶的男人,结果却使那个人变成了一位正直的人。所以,一切取决于女人。

一位皇帝对拉比伽玛列说:"你的上帝是贼,因为《圣经》上写着:'耶和华使他沉睡,他就睡了。于是取下他的一条肋骨,造出了女人。'"拉比的女儿对父亲说:"你别管,让我来回答这个问题吧。"她于是对那位皇帝说:"给我派个官员来,调查一桩案子。"皇帝问:"出了什么事?"她回答说:"夜里屋里闯进了贼,盗走了我一只银罐子,却留下了一只金罐子。"皇帝听后喊道:"但愿这样的贼天天光顾我。"她于是反驳说:"那么,一个男人失去了一根肋骨,却得到了一位侍奉他的女人,这不是一件极好的事吗?"

那么,上帝为什么偏偏要用肋骨造女人呢?犹太人的解释是这样的:上帝斟酌了一下该用男人哪一部分创造女人。他说："我不能用头来造女人，以免她傲慢；不能用眼睛来造她，以免她过于好奇；不能用耳朵来造她，以免她偷听；不能用嘴巴来造她，以免她滔滔不绝；不能用心脏来造她，以免她太嫉妒；不能用手来造她，以免她占有欲过强；也不能用脚来造她，以免她四处闲逛；应该用身体上隐藏的一部分造她，以便让她谦恭。"

女人身上有四种品质：贪吃、偷听、懒惰、妒忌。她们还爱发脾气，唠叨不休。女人最喜欢的东西是装饰品，唯一所想的就是美丽。如果男人要讨妻子欢心，就让他用亚麻做的衣服打扮她。女人还沉溺于巫术与迷信。

婚姻与离婚

人要离开父母，与妻子（丈夫）结合，二人成为一体。

男人娶妻之前，热爱的是他的父母。一旦结了婚，热爱的就是他的妻子了。男人的家就是妻子。拉比约西说，我从不称妻子为妻子，而是称"我的家"。

男人没有妻子，活着就没有快乐，没有赐福，也没有仁慈。

在西方，他们这样说："没有《圣经》也就没有道德保护。"
拉比本·乌拉说："也没有和平。"

男人只要娶了妻，他的罪恶也就埋葬了，因为据说得着贤妻的，是得着好处，也是蒙了耶和华的恩惠。

在没有男性和女性结合的地方，人就配不上看见shekhinah（神的存在）。

有三种情形温暖我心，也是主和人眼见的美好之事：
兄弟之间的和谐，邻里之间的友谊以及男人和妻子之间的难分难舍。

世界都变得黑暗了，因为一个男人的妻子死了。……他的步伐变缓……他的智慧崩溃。

一个人为了结婚的目的，可以卖掉一卷《托拉》。凡为了女人的钱而娶她为妻是一种耻辱。
父亲有责任趁女儿年轻时给她订下婚事。千万不可辱没女儿，使她为娼妓。

有位罗马女士问一位拉比："神圣的上帝用了几天创造了宇宙？"他回答说："六天。""那么，六天以后上帝一直在干什么？""他一直在撮合婚姻。""上帝也太无能了，这件事我也能做，用不了多久我就能让他们成双成对。"拉比对她说："这件事看着容易，其实比分开红海还难。"拉比说完就走了。这位女士随后就召来了一千名男奴隶和女奴隶，仅仅用了一个晚上，就为这些人安排好了婚姻。第二天，许多男女奴隶来找她。有的被打裂了额头，有的被打断了腿，有的被打出了眼珠，纷纷要求抛弃对方。

渴而饮酒，上帝必不饶恕他。千万不可把女儿嫁给上了年纪的人，或娶一个上了年纪的女人为妻。

娶一个比你自己小得多的人有何意义？娶一个比你自己大得多的人有何意义？去娶一个与你年纪相仿的人，不要把不和带到家中。

不先见见面就娶一个女人为妻是不允许的，日后会发现这女人有令人不快的地方或者她变得令人讨厌。身材高的男人不得娶身材高的女人，以免他们的孩子长成瘦高条；身材矮的男人不得娶身材矮的女人，以免他们的孩子长成侏儒；漂亮的男人不得娶漂亮的女人，以免他们的孩子过分漂亮；皮肤黑的男人不得娶皮肤黑的女人，以免他们的孩子长得过黑。选择妻子时向下迈一步，因为娶一个社会地位比自己高的女人可能会导致自己被她或者她的亲属看不起。

为了能娶到学者的女儿，男人应该卖掉一切，这是因为万一将来他死了，或者被流放，他可以确信自己的孩子会有学问；不要让他娶一个愚昧的人的女儿，因为一旦他死去或者被流放，他的孩子将会无知。美满的婚姻是至高无上的。

敬你的妻子，因为这样才能丰富你自己。男人要时刻注意给予妻子应得的尊敬，因为家中的一切幸福都有赖于妻子。如果你的妻子矮小，你要弯下腰跟她说话。男人花在吃喝上的钱应该只占其财力的一部分，花在衣着上的钱不要超过其财力，宠爱妻子和养育孩子花的钱应超出他的财力，因为他们依赖于他，而他依赖于上帝。

年轻人，抬起头看看，你要选谁做妻子。不要重美貌，要重家庭。

不好的妻子对其丈夫来说犹如麻风病。怎么治疗呢？让丈夫与她离婚就治好了这麻风病。如果男人有坏妻子，他有宗教上的责任与她离婚。凡与第一位妻子离婚者，圣坛也为她落泪。

与下列女人解除婚约，而不必支付婚姻财产：违反了犹太律法的女人；当着丈夫的面责骂其儿女的女人；嗓门大，在家里说话邻居能听见的女人。妻子精神失常或丈夫精神失常，都不能离婚。不允许与患精神病的妻子离婚的理由是，一旦失去了保护人，她可能成为心术不正之徒的猎物；精神失常的丈夫之所以不能与妻子离婚，是因为签署离婚字据必须是意识清醒的行为。

妻子与丈夫离婚的理由有三：拒绝完婚、阳痿、无力或不愿意抚养妻子。

当离过婚的男子和离过婚的女子结婚时，床上就有四颗心。

抚育孩子

父亲由于为女儿操心而夜不能寐：年少时，怕她被引诱；长大了，怕她走邪路；当嫁时，怕她找不到丈夫；结婚后，怕她没有孩子。

父亲爱自己的孩子，孩子爱他们的孩子。

一个人决不应该许诺给孩子什么东西却不去兑现，因为这是教孩子撒谎。

孩子在街上说的话出自他爸爸妈妈的嘴。

如果你获得了知识，你还缺什么呢？如果你缺乏知识，你又获得了什么？

世界只是因为学童的呼吸而存在，没有学童的城市将毁灭。

父母只是把孩子带进今世的生活，而老师则把他带进来世的生活。

三位拉比被派去检查巴勒斯坦的教育状况。他们来到一个没有教师的地方，对居民说："把保卫这座城市的人带来。"居民便把军队卫兵带来。拉比们大声说："这些人不是城市的保卫者，而是城市的破坏者！""那么，谁是城市的保护者呢？"拉比们回答说："是教师。"因此，要"惧怕你的师长，就像惧怕上天一样"。

有一名犹太人在一个有妓女光顾的市场开了一家香料店，生意非常火爆。某一天，那名犹太人从外边回来，却发现儿子在和妓女鬼混，非常生气。此时，正好有一位拉比路过，对那位父亲说："你不做别的生意，偏要开女人喜欢的香料店；你不选择其他地方，偏要选择妓女出没的红灯区。正是你使自己的儿子迷了路，为什么还要大喊大叫呢？"

母羔羊时刻跟随着母羊：有其母必有其女。

鹰何以区别于其他鸟类？别的鸟都把幼鸟抓在手里，因为他们怕自己的幼鸟飞得比自己高。但是鹰唯一害怕的是猎人的枪弹。所以它把幼鹰驮在翅膀上，宁愿让枪弹打在自己身上。

当以色列人站在西奈山上准备接受《圣经》的时候，上帝对他们说："你们必须向我做出绝对的担保，即你们将永远地保存它，我才把《圣经》交给你们。"

以色列人答道："我们的祖先是我们的担保。"

上帝说："这个担保不太可靠……找一个更好的担保吧，我才会把经文交给你们。"

以色列人又说："我们的先知是我们的担保。"

上帝回答："噢，不行，我的孩子们，这个担保仍不可靠……找一个更好的担保吧，我才会把全部经文交给你们。"

他们最后说："宇宙的君主啊，我们用孩子做我们的担保。"

上帝答道："太好了，这是最好的担保。为了他们，我把经文授予你们。"

于是人们这样说："从天真无邪的孩子们那里，上帝看到了希望。"

如果你不是赫尼，我就会把你逐出教堂……

但是现在我拿你又有什么办法呢？你在上帝面前任性撒娇，上帝信任你，而且又准许了你的愿望，就像一个小孩在父亲面前耍孩子脾气，而使自己的愿望得到满足一样。于是，孩子对父亲说我要在热水里洗澡，父亲便给他在热水里洗澡；我要用凉水擦身，父亲便给他用凉水擦身；我要吃胡桃、桃子、杏仁、石榴，父亲又给他拿胡桃……

拉达姆斯科的一位犹太拉比告诉我们一则寓言：

船上的一位乘客焦急地等着到达终点港的那一天。经过几天的航行，船终于靠近港口了，可一场风暴又把船冲回大海，这位乘客更加恐慌了。

同样的道理，一个人总是对自己的儿子和女儿们充满忧虑，直到他们长大成人。这时，他想自己可以过上几天清闲日子，不必再为他们担忧了。但是大儿子遇到了很多麻烦，来求父亲帮助，父亲的退休推迟了。大儿子的事刚了结，女儿又带着满腹牢骚来找父亲，于是他的清闲再次搁浅。

这个世界上很少有人能够完全摆脱忧虑和无休止的劳作。

一个人在吃喝上应该少于自己的食量；穿着上应该适合自己的身体；抚养妻子和孩子则应该尽百分之一百二十的努力。因为妻子、儿女依靠自己，他则依靠创造了万物的上帝。

一次，哈德利安国王在加利来的蒂伯亚斯附近的一条路上散步，看到一个老人在挖土种无花果树。

"老人啊，"国王说，"如果你年轻的时候这样勤劳，就不用在这样的年龄还如此辛苦了。"

"我年轻和年老的时候都很勤劳，"老人答道，"这样才能无愧于上帝对我的赐福。"

"您多大年纪了？"国王问。

"100岁了。"老人答道。

"100岁了！你还在这儿挖土种树！"哈德利安惊叹道，"您还想吃到这树上的果子吧？"

"如果我能活到那时，我就吃。"老人说，"如果不能，就像父亲为我一样，我为了我的孩子们。"

一个父亲有义务为儿子施割礼、免罪、传授《圣经》，并有义务教他一门手艺和给他娶妻成家。

甚至有人说，父亲还有教儿子游泳的义务……因为，可能有一天，这会救他的命。

如果父亲没有教给儿子谋生的手段，那等于教他成为一个贼。

一个父亲必须供给他的女儿美丽的衣着和丰厚的嫁妆，这样才能有男人追求她并娶她。那么应该给女儿提供多少财产呢？……回答曰：自己财产的十分之一。

一个拒绝抚养孩子的人被带到了希斯塔拉比面前。

拉比说："发布公告，就说：乌鸦尚且喂养自己的幼鸟，而这个人却不管自己的孩子。"

如果一个有儿有女的人死去，而财产数目又很大，那么儿子继承遗产，女儿享受生活所需费用；如果财产数目很小，那么女儿享受生活费用，儿子另谋生计或者沿街乞讨。如果一个没有儿子的父亲死去，女儿继承全部财产。

该隐从自己土地所结的果实中挑选了送给主的一件礼物，亚伯则从自己的牧群中精心挑选了一样礼物送给上帝。对亚伯和他的礼物，主很重视；而对该隐和他的礼物，主则未加评论。该隐大为不满……

……当他们一起在田野里干活儿的时候，该隐害死了亚伯。主询问该隐："你兄弟亚伯到哪里去了？"该隐答道："不知道。难道我是他的看护人吗？"

上帝说："你对亚伯做什么了？听，你兄弟的血正在地下向我哭喊！"

有一座山上住着两个农民兄弟。大哥已娶妻生子，住在山的一边；小弟独身一人，住在山的另一边的一间小茅屋里。

有一年，兄弟二人都获得了好收成，大哥看着丰收的庄稼，心里琢磨："主对我太好了。我有了妻子、儿女，又有了全家都吃不了的粮食。我比我兄弟好多了，他独身一人，生活一定很苦。今晚趁他熟睡的时候，我要送些粮食到他的田里，他不会猜到是我送的。"

在山的另一侧，小弟也在看着他的庄稼想："上帝对我太好了。但我希望他对我兄长也这么好，他要养家糊口，用的粮食一定比我多得多。今晚趁大哥和他全家睡熟的时候，我要送些粮食到他田里。明天他发现了粮食，不会想到是我送的。"

于是兄弟二人耐心等到半夜，各自扛起粮食爬向山顶。刚好在午夜的时候，两人在山顶相遇。当他们明白了彼此的用意后，禁不住喜极而泣。

父母离婚后的孩子若不到六岁，应该由母亲抚养；六岁以上，男孩由父亲抚养，女孩由母亲抚养。但如果这样做对孩子不利，也可以改变。

父亲是把自己抚养长大的人，而不是生育自己的人。

主说："你不该虐待寡妇和孤儿。一旦你虐待了他们，我就会听到他们的哭声。这时，我的怒火会燃烧起来，我会把你带到地狱，你的妻子和儿子也就成了寡妇和孤儿。"

我的儿子，不要在城镇里繁忙的地方坐下读书（在那儿你不能集中精力）；

不要住在学者当市长的城镇里（他一心只想着他的学问，书呆子是不会把城市治理好的）；

不要突然闯进自己家里，更不要贸然进入邻人家里；

不要赤脚出门；

早晨早起床并吃早餐，夏天防暑，冬天防寒；

宁愿像每个周日一样度过你的安息日，也不要依靠别人（不要借钱买特别食品来庆祝安息日）；

努力处好和别人的关系，你将来的命运也许要靠他们。

一次，吉托摩拉比和儿子走在大街上的时候，看到一个醉汉在臭水沟里蹒跚着，旁边醉汉的儿子也酩酊大醉。

"我真嫉妒那个醉汉，"拉比对自己的儿子说，"他有一个和他一样的儿子。不知道你是不是也这么像我，我只希望他在培养儿子掌握手艺这方面不如我。"

纳曼拉比在和艾萨克拉比告别的时候请艾萨克为他祝福。艾萨克回答道：

"让我给你讲个寓言吧。一个男子在沙漠里旅行，他又累、又饿、又渴。突然他发现了一棵大树，上面结满了甘果，茂密的枝叶下面是凉爽的树荫，一条小溪从树旁缓缓流过。

"那个男子在树荫下休息，吃了树上的果子，喝了小溪里的水。当他要走的时候，他对着树说：'啊，树啊，美丽的树，我拿什么来祝福你呢？祝愿你有怡人的树荫，你已经有了；祝愿你有甘美的果实，它们已经很甜美了；祝愿你有一条小溪环绕着你，你也有了。让我这样祝福你吧：上帝保佑，你所有的种子都跟你长成一样。'"

"对你也一样，"艾萨克对那人说，"我还能祝福你些什么呢？祝你学识渊博？你已经很渊博了；祝你发财？你已经很富裕了；祝你多子多孙？你也已经子孙满堂。

"所以我只能说：上帝保佑，愿你所有的后代都像你一样。"

培养你的孩子，让他走一条适合自己的路，这样他才会终身无悔。

制订家规应该按照家庭最基本的生活需要为标准。因此，《圣经》教导我们不要让你的儿子习惯于吃肉、饮酒。

对于孩子……应该放开他的左手，拉紧他的右手。

一个溺爱孩子的父亲会让他的孩子不哭不闹。

然而，这会使一匹千里马变成倔驴，使一个听话的孩子变成不孝之子。

对孩子娇纵无度，终究会让你叫苦不迭。

孩子年幼的时候，不要给他太多的自由，更不要忽略他的缺点……

对孩子要严加管教！该打则打，否则有一天他会做出让你丢脸的事。

因为我弱视，爸爸、妈妈从小就让我做自己认为正确的事情。他们从不责骂我，也许是因为这个原因，我也从来不责骂别人，因为他们教会了我什么是不应该做的事。甚至对我自己的孩子，我都从未责骂过他们。

我实在不忍心对他们发火，我不忍心看到他们由于挨骂而脸红。我觉得对他们恶语相向也辱骂了自己。没有什么比看到孩子们行为规矩更让我高兴，也没有比看到他们做坏事更让人感到痛心的了。

如果你要打孩子，就用鞋带当鞭子吧！

一个犹太拉比的女仆看到拉比在打他已长大成人的儿子，便上前说道："这孩子应该受到惩罚，因为他违反了《圣经》里的话——'不要在盲人前面放绊脚石。'"

性和邪恶冲动

只要我们控制了性冲动而不是为它所控制，性关系就是积极和美好的。当性驱力变得无控制和无节制时，它们则可能搞垮个人甚至社会。

最初，邪恶冲动就像蛛丝一样脆弱；可是到最后，它变得像车绳一样坚牢。

把你的目光从你邻居那位迷人的妻子身上移开，否则你会坠入她的网中。不要去造访她的丈夫，更不要和他一起喝烈性饮料。

先贤阿巴各听见了一个男人对一个女人说："来吧，我们一起走。"

"我要跟着他们，"他想，"以防他们之间发生罪恶之事。"

他跟着他们穿过了许多牧场。当他们快要分手时，他听见他们中的一位说："与你同行是愉快的，路还长。"

"如果是我，"阿巴各想，"我是无法克制自己的。"

在深深的绝望中，他走开了并且靠在了一个门边。一位老人走过来教导他说："一个人越伟大，他的邪恶刺激也越大。"

要知道，男人和他妻子之间的性交是神圣的和纯洁的……不应该认为性交是丑恶的和可厌的……

我们，神圣的《圣经》的拥有者，相信上帝，愿他被赞美。造物之主，以他的智慧所确定的，是不会创造任何丑恶的和可耻的东西。因为如果性交是可憎的，那么他创造的器官也是可憎的……如果他创造的器官是可憎的，造物主为何要创造有疵点的东西呢？如果确乎如此，我们就会发现他的行为不是完美的……但是这一问题正如已表述过的，上帝是全知全能的……可见最终没有什么东西是有缺点的和可厌的，他创造了男人和女人，他创造并且塑造了他们所有的器官，将之归于他们的形体，他没有创造任何可憎的东西……

……男人的秘密是包含于属于他这一种类的所有智慧、理解和知识等秘密中的，要知道男性是智慧的秘密，女性是理解的秘密……纯洁的性行为是知识的秘密……如果确乎如此，自然而然，适当的性行为只要进行得恰如其分，就能达到某种精神上的高度。比这些更为伟大的秘密就是以男人和女人方式结合的天堂般身体的秘密。

当爱情炽烈时，一对男女能够以剑刃作床；当爱情淡薄时，60平方米的床也嫌小。

坏妻子与好丈夫

你怎么给"坏妻子"这个词下定义？

阿巴叶说：是一个为丈夫准备了饭菜就油嘴滑舌的女人。

拉瓦说：是一个为丈夫准备好饭菜然后就转过身去的女人……

拉瓦进一步声言：一个坏妻子就像讨厌的阴雨天，正所谓"大雨之日连连滴漏，和争吵的妇人一样"。（箴言27：15）

没有什么比一个坏妻子更糟糕的了，愿厄运压垮她！

一个安静的丈夫和一个唠叨的妻子在一起生活就像一位老人要爬上沙丘那样不容易……

好妻子可以造就快乐的丈夫，她能使丈夫延年益寿。

忠诚的妻子是丈夫的快乐，他可以在宁静中安度过日。

好妻子就是好日子，她是神赐给那些对他敬畏的人的礼物……

妻子的妩媚是丈夫的喜悦，她女性的技巧使他发福……

在永恒的青春年华，一张美丽的面孔犹如神圣灯塔上的一盏明灯。

壮实的双脚和匀称的大腿犹如银座上金色的柱石。

女人必须为丈夫履行的职事有：磨玉米、烘面包、洗衣服、做佳肴、带孩子、为丈夫铺床叠被、织毛衣。

如果她带来一个仆人（随嫁或雇用），她可以不必磨玉米或烘面包或洗衣服。

如果她带来两个仆人，她可免除做饭或带孩子。

如果她带来三个仆人，她可免除铺床叠被或织毛衣。

如果她带来四个仆人，她可坐在舒适的椅子上（什么事也不干）。

拉比艾黎扎说："即使她带来一百个仆人，她丈夫也应坚持让她做毛线活儿，因为懒散会导致鄙俗。"

拉巴·西米昂·本·格马略说："如果一个男人禁止他妻子做任何事情，他就必须和她离婚，因为无所事事会使人发疯。"

拉比西米昂是一位早期哲人，有一次他将男性生殖器描写为"家庭中的和平象征"，并为因年老和丧失性功能感到惋惜。先哲们认为，作为一个丈夫给妻子性的欢乐是他的责任。凡是拒绝性交的丈夫或妻子，都是"恶"丈夫或"恶"妻子，他们甚至为不同职业的男人们拟定了一份最低性生活频率的日程表。这并不是说他们把性当作一种僵硬的公式，相反，他们是在探讨如何使它更快乐，鼓励男人和女人成为好的情侣。日程表如下：

没有职业的男人每天一次；

劳动者每周两次；

赶驴子的（他们每周行踪不定）一周一次；

商贩（他们可能一走数日）半年一次。

星期五之夜，主日黄昏，被认为是有强烈精神活动的时间，与之相伴而来的是肉体的——尤其是性方面的——享乐。

假设一个男人想把赶驴子的职业改为赶骆驼（虽然可

以多赚点钱，但离家的日子更长），他的妻子怎么想？

回答是：一个女人宁愿金钱少一点，也不愿意以禁欲为代价换取更多的金钱。

……学者应该多长时间履行一次做丈夫的职责？拉比朱达以撒母耳的名义说，每个星期五的夜晚一次。

拉比阿夫迪米指出：丈夫可以用语言请求，而妻子只能用心灵请求，这是女人的美德。换言之，她应诱惑他（而不能把她的愿望明说出来）。

既然男人的妻子是属于他的，他就可以与她发生任何关系。在他情欲旺盛时他可以与她性交，他可以吻她身体的任何部位，他可以和她自然性交和非自然性交，但他须预防无目的地浪费精液。然而，这是一种虔敬的象征：男人不能轻浮地干这件事，他应该使自己在性交时变得神圣。

男人在旅行时须慎行，这样神女就不会抛弃他并给他留下污点，因为他没有接近女色。如果和妻子在一起时性是必需的，那么在他回家之前由一位神女导其先路是很有必要的。当他归家时，他有责任使他的妻子快乐，因为有了她的要求，他才能得到这样的神女。

他有责任这样做是基于以下两点理由：一是他的快乐

是宗教的快乐，一个人给了沙克汗娜快乐，他也就通过这种方式扩大了世界和平。另一个是如果他妻子怀孕了，神女能给这个孩子一个神圣的灵魂。

丈夫应该对妻子说合适的话，一是关于性爱方面的，一是关于对主的敬畏方面的。

男人绝不能强迫自己迁就妻子，也不能强制她做什么，因为圣灵绝不支持缺乏自愿、爱情和自由的婚姻关系……

一个人不能跟他的妻子争吵，当然也绝不能对她进行性虐待。犹太经典告诉我们，一个愚蠢的男人鞭打他的妻子一顿之后又恬不知耻地同她睡觉，就好比是一头狮子刚刚为它的猎物哭泣，转身就毫无愧色地将它吃掉一样。

在妻子睡熟时男人不能与她性交，因为那时不可能双方都同意这样的行为。应该把她叫醒，抚慰她，以唤起她内心的激情。

总之，当你准备好进行性交时，看你妻子的意愿是否与你相同。不要急于唤醒她，应等待她自己接受。在你进入那爱恋和热情的小径时，千万悠着点儿！

丈夫不能拒绝妻子婚姻上的要求。如果他无理拒绝而使她遭受痛苦，那他就亵渎了犹太经典的训诫……

如果他生了病，或衰弱得不能进行性生活，应该等半年时间……他或许会康复。在这之后，他必须征得她同意或与她离婚，并给她属于她的财产。

如果一个妻子中止跟她丈夫正在进行的性交，这样的妻子就是所谓的"叛逆的妻子"，她应就叛逆的理由接受质询。如果她说："我开始厌恶他了，我不能心甘情愿地忍受他的性交。"那么她丈夫只得立即同她离婚。因为她不是被俘虏来的女人，必须屈从于她所憎恨的男人。但是，她走时必须放弃她的财产，只能带走她的日常衣物和手头常用的东西……

如果她反抗丈夫只是为了使他受到折磨，并且说"我要让他受这样的苦楚，因为他对我如何如何……"法院应该送给她这样的判词："你必须明白如果你坚持对抗你的丈夫，那么你的财产……将会被视为自动放弃。"

假如你的父母经常和你的妻子争吵，你要想让你的妻子保持缄默，就会使你的妻子变得爱和你发生口角，并拒绝和你过性生活。所以这时候你最好保持沉默……别把自己置身于暴怒的双方之间……

假如你的父母是对你的妻子鸡蛋里挑骨头，而你又知道你妻子是无辜的，那你就不该责难你的妻子以取悦于父母。

如果有人对妻子说："我不希望你的父母兄弟姐妹到我家来。"他的意愿应该得到尊重，她最好去看望他们，而他们不能来看她，除非她有什么事，如生病或分娩，否则任何人不得强行进入他的家。

同样，如果妻子说："我不希望你母亲或你的姐妹访问我，我也不希望和他们住在一个院子里，因为他们使我受到伤害和感到烦恼。"她的意愿应该得到尊重，因为任何人不得强行要求进入别人的家庭，并和他们住在一起。

从法律上讲，如果结婚 10 年之后女方仍不生育，他可以与她离婚，双方均有再婚的自由，因为经典上说："他若不能从她那里得到孩子，离婚是可以的。"

一对夫妇住在西顿，结婚 10 年仍没有孩子。丈夫提出离婚，他们去见了西米昂·班·约亥拉比。这位拉比极力反对离婚，他力图把二人强捏在一起，可那位丈夫毫不动摇。

"既然你们要离，"拉比告诉他们，"那么请你们举行一个晚会庆祝你们的离异，就像当初庆祝新婚那样。"

这对夫妇同意了。在晚会上，那位丈夫喝得酩酊大醉，他对妻子说："亲爱的，在我们分手之前，挑一件你认为最珍贵的东西，等你回你父亲家去住时好带上。"

在她丈夫醉倒呼呼大睡的时候，女人命令仆人把他带到她父亲家并安顿在床上。半夜，丈夫醒了。

"我这是在哪儿啊？"他叫道。

"在我父亲家。"他妻子回答说，"你说让我带上我认为最珍贵的，在这个世界上有什么东西比你更珍贵呢？"

丈夫为妻子的爱所感动，决定维持婚姻，从此以后他们幸福地生活在一起。

拉比梅厄曾经在每个星期五做公开布道，有一位妇女非常喜欢他的演讲，每次都参加布道。有一天晚上，他的布道特别长，当这位妇女回家后，发现家里一片漆黑，她丈夫恼怒地站在门口。

"你到哪儿去了？"他向她吼道。

"去听拉比的布道。"这位妇女回答。

这位丈夫说："既然拉比的布道这样讨你好，那我就发誓不让你进这间房子，除非你唾他的眼睛。"他又讥讽地补充说："这是他为给你的快乐应得的报偿。"

这位丈夫挡住门口，不让他妻子进去。那位受惊的妇女只能和邻居住在一起。

当这件事传到拉比梅厄耳中后，他请来了这位妇女。拉比假装眼睛有病，问她是否知道怎样治疗。

这位单纯的妇女紧张地说："不会。"

"向我眼睛唾几次，"拉比说，"可能这样就可以治好。"

这位妇女犹豫着，终于还是照拉比要求的那样做了。

"现在回家去，"拉比对她说，"告诉你丈夫：'你让我唾一次，而我唾了好几次。'"

当拉比的门徒们抱怨他使自己受辱时，拉比斥骂他们："促使丈夫和妻子之间和睦幸福的任何行为都绝不是可耻的。"

孝敬父母

"孝敬你的父亲和你的母亲。"你也许理解为父亲在子女的敬意中优先于母亲，因为句子中"父亲"二字写在"母亲"前面。《圣经》中的一段这样解释："你必须对父亲和母亲献上相同分量的孝心。"《圣经》宣称："父亲和母亲等量地分享子女的孝敬。"

一头骡子正在悠然自得地散步，一只狐狸看到以后，不禁想："我怎么从没见过它？"于是，狐狸上下打量了一番骡子：严肃的脸膛，明亮的眼睛，还有大大的耳朵。

"它到底是什么？到底有什么禀性？在我的印象中根本没有它的影子。我想，我这是第一次看到它……"

狐狸于是打听骡子的身世，骡子回答说："我叔叔是一匹战马，威风凛凛，是国王的坐骑。在毁灭与死亡之神主宰的战场上，它跳跃猛扑，带着暴风雨般的热情，后蹄掀起阵阵尘土。它的脖子上飘着长长的鬃毛，它的嘶叫动人心魄，它渴望战争，渴望毁灭……它的眼睛里闪烁的是火焰，是闪电，它是力量之塔，载着骑手在战场上驰骋。以上这些就是我的家谱。"

这则寓言，显然是为那些从头到脚巧妙地、天衣无缝地为自己贴金的人准备的……这种人总喜欢炫耀自己的伟岸。一旦人们询问他们的出身和姓氏，则变得吞吞吐吐。因为他们的父母不能给他们带来应有的荣誉，于是他们便转而谈到他们那权倾一时、炙手可热的权贵亲属们，根本不提是谁把他们带到这个世界上。

在那些闭口不谈自己父母的子女之中，我曾经想搜寻一个正直的人，但却从来没有发现过。

尽管某人用精美的食物——小鸡，来侍奉自己的父母，但却要在地狱里受到煎熬。而另一个人让自己父亲上山牧羊，但死后却升入了伊甸乐园。

用精美的食物供奉父亲却被打入地狱，这怎么可能呢？

过去，有个人的确常常用小鸡来供奉自己的父亲。有一次，父亲问他："儿啊，你从哪里弄到这些东西？"儿子回答："老东西，闭上嘴！只管一个劲地吃就行了，就像狗吃东西而不说话一样。"就这样，这个用精美食物喂养自己父亲的人被打入地狱，备受折磨。

让老父亲去山坡放牧，却升入天堂，这也同样让人不可思议。

从前有个人从事畜牧业，可突然国王下令所有的牧民集中起来服役，于是，牧民对父亲说："爸爸，你留下来接替我的工作吧。如果侮辱一定要降临的话，我宁可自己承担也不让你受罪。如果打骂跟随而来，让我来领受吧！"就这样，这个让父亲去山坡放羊的人，最后升入了天堂。

一个人不能在言谈举止中侮辱自己的父亲。举个例子，如果年迈的父亲跟所有的老年人一样早晨想吃点东西，当他向儿子提出这样的要求时，儿子回答说："太阳还没有上山呢，可这老家伙吵着要吃的……"

或者当父亲问："儿啊，你给我买的这件外套和食物到底花了多少钱？"儿子回答说："我买的，用的是我自己的钱，不管你的事，别插嘴！"

或者儿子有时自言自语："什么时候老东西才能升天，而我好从中解脱出来呢？"

如果父亲不自觉地篡改了《圣经》中的话，子女不应当申斥他："父亲，你篡改了《圣经》。"而应当说："父亲，《圣经》里是这样讲的吗？"

但是，难道这两种表达方式不是同样地伤害了父亲吗？

是的，所以我们应当这样说："父亲，《圣经》上是这么这么说的……"把情况介绍一下，让父亲自己对自己的行为做结论。

有人问拉比埃利泽尔："敬重长辈，敬重父母，什么限度最为适宜？"

他回答说："让我们一块去问问达玛，也许能找到答案。"

有一次，代表整个部落的一块碧玉不幸丢失了，于是圣贤询问："谁有与之相似的碧玉？"

别人回答："达玛有。"

于是，他们一起来找达玛商量，并达成协议，这块玉石的售价是 100 个第纳尔。达玛上楼想把玉石取下来，但却发现父亲和母亲睡着了。据说当时他父亲的脚放在宝石盒子上，又有人说当时开盒子的钥匙在他父亲手里。

达玛当即下楼，对圣贤说："我不能给你。"于是人们纷纷交头接耳："也许他想要更多的钱。"最后，他们把价格提高到 1000 第纳尔。正在这时，他父母醒来。达玛上楼，取出玉石，交给圣贤。

正当大伙准备付给达玛高价时，他说："什么？难道尊重父母的美德也能卖钱？我可不想从这种美德中渔利。"

有一次，拉比塔福恩的母亲在乡间小路上步行时，她的凉鞋突然裂开，于是，塔福恩让母亲踩着自己的两只手走过去。一直护送着母亲走上床。

有一天，塔福恩病了，长老们来看望他。他母亲对来访者说："为我的孩子祝福吧！他尽了最大努力来孝顺父母。"长老们于是问道，他到底干了什么？母亲就把这事情原原本本地说出来。

长老们听完叙述以后，对母亲说："哪怕他再干一次这样的事，离圣贤所要求的尊重父母的限度还相差很远。"

每当拉比约瑟夫听见母亲的脚步声临近时，他就对自己说："我不能再睡觉了，因为我好像听见了圣灵临近的脚步声了。"

只要你生存着，就永远不要依赖任何人，不管是儿子还是妻子，兄弟还是朋友。

不要把自己的财产交给别人，否则将会追悔莫及。

依靠自己的财产比依靠自己子女要好得多。

赡养父母，作为对父母养育之恩的回报，是永无止境的。只要你对万能的造物主的敬重还没有消失，赡养双亲的律例将与你同在。

《圣经》上说："尊敬你的父亲和母亲。"后来又说："用你物质与精神上第一串成熟的果实来供奉万能的上帝。"

怎样供奉万能的上帝呢？一般来说，散尽千金是一种方式——给饥饿之人以温饱，给干渴之人以甘泉，但是，这必须是自觉的、自愿的。如果你想以此举来赎你以前所犯的罪恶，这则是非常必要的。

但是"孝敬父母"却与之不同，不管你是十恶不赦的罪犯，还是遵纪守法的臣民，都得把孝敬父母看成是自己的天职，哪怕你落魄天涯，衣食无着。

在老人面前，你必须站立以示尊敬，你不能举止轻率。你还应当敬畏上帝，这是主的声音。

在鸟群之中，老鸟通常待在窝里，因为它们无力飞行。而此时此刻，强健的小鸟们飞翔、盘旋在大地和海洋的上空，为他们的父母搜集食物而不放过每一个猎物。

那些从来不替父母着想的子女和这些动物比起来，不感到羞愧吗？

根据我们通常的生活准则和标准，年老注定是不可避免的。人类不得不去充当赚钱与花钱的机器，而人类的其他社会关系也依赖这台机器的效率。那么，一旦这台机器出了故障，并且永远报废的话，人们便会惊慌失措，感到自己是一个多余的人。甚至有时会怀疑自己是否有必要生存。

不管我们承认与否，变化与生长的自然法则是不可逆转的。但老年不应当被看成是人生的萧条期，而应该看成是人的阅历和内在精神的一个时期。

老年人，自然已经定型，绝缘于人生之污水，洞察于世人的自欺欺人之外；积累了深刻的理解力和同情心；开拓了诚实正直的疆域；深深理解着正义和公道。所有这一切品德，每一个老年人都可能有。

《犹太法律和准则》这样告诉我们：哪怕父母很坏，甚至于十恶不赦，子女也不能打骂他们。因为儿女欠他们的养育之恩。但是，我们不能把献给高尚父母的敬重献给他们。还有，我们不能盲目地追随他们，以背离自己的信仰和良心。以下几则故事，讲的便是子女在什么情况下严词拒绝父母。

圣贤告诉人们："你必须尊重自己的父母，并且在我的安息日中保持圣洁。"

对这句话，也许有人理解成哪怕让他干违背良心的事，他也不能拒绝。

对此，圣贤这样解释：在我的安息日保持圣洁，这是高于一切的，是我的圣谕。无论是父亲还是儿子，任何人都得无条件地遵从。

父母不得因为要儿子继续为自己服务而妨碍儿子的婚姻，应当让他结婚并继续和家人生活在一起。

如果他有能力赡养和照顾双亲，那他就有权利去寻找一个妻子并且在男方安家，条件是，他的妻子必须合乎父母的要求。

如果儿子选择了一个出身高尚、品性高雅的姑娘，而他父母却因为私下接受了亲戚的彩礼，劝说或强迫儿子接纳一个不相配的姑娘为妻。毫无疑问，在此情况之下，儿子有权拒绝父母的要求，因为父母所做的这些，应当受到指责。

一只鸟带着自己的三只幼鸟，想飞渡狂风下的海洋。由于风大浪急，它不得不一只只按顺序抓住幼鸟，然后飞渡海洋。

刚飞到半路，风力渐渐增大，转眼之间已是狂风。于是，这只鸟对爪中的第一只幼鸟说："孩子你瞧，为了你，我在这里挣扎着，冒着生命的危险。当你长大以后，你肯为你的老父亲干同样的事，冒同样的危险吗？"

幼鸟回答："只要我能安全着陆，等你年老体弱时，我会为你做任何事情。"

刚听完这句话，这只鸟便把幼鸟丢进大海，听任它淹死在大海之中，并说："我干吗要冒生命危险来救一个说谎的儿子呢？"

然后，这只鸟掉头返回岸边，又带着第二只幼鸟飞渡海洋，并在中途问了同样的问题，在得到同样的回答后，它又淹死了这只幼鸟。它哭着说："你也是一个不诚实的孩子。"

最后，它带着第三只幼鸟启程了。在半途中，当他问同样的问题时，仅存的幼鸟回答说：

"我亲爱的父亲，你现在的确在为我冒着生命危险和风浪搏斗，可我不能说谎骗你。我只能这样保证：当我长大以后，有了自己的孩子，我将会像你一样，为自己子女的生命而奋不顾身。"

父亲说："回答得很好，孩子，你真聪明。我将尽最大的努力安全地带你飞到彼岸。"

第三章　肉体生活

只要你把一切允许做的事情、吃饭、饮酒、性交——做过了头，对自己的欲望失却了控制，尽管你不犯哪一条戒律，却成为一个"可鄙的人"。

身体的保养

肉体的干净导致精神的纯洁。

圣哲的门徒不可居住在没有厕所的城市。

圣哲的门徒禁止住在没有医生的城市。

凡愿意完全接受上帝约束的人，应首先上厕所，然后洗手，再去祈祷。

犹太拉比希勒尔给学生授完课后，同学生们一同走了一段路后，便要分手。

学生们问他："老师，您要去哪儿？"

"去履行一项宗教责任。"希勒尔答道。

"什么宗教责任？"

"到浴室洗澡。"

"这是宗教责任吗？"学生们迷惑地追问道。

希勒尔认真地回答说："如果有人被指派去清洗马戏场和剧院的国王的雕像，他不仅能得到工钱，并且还能结识一些贵族。那么，按上帝形象创造出来的我们，不更应该保养好我们的身体吗？"

异教徒安东尼对他的朋友拉比犹大说："肉体和灵魂均能够在来世逃脱裁决。"

"何以如此呢？"拉比问。

安东尼说："肉体可能会说，有罪的是灵魂，因为自从它脱离了我的那一天起，我一直像块石头一样默默地躺在坟墓中；而灵魂则可能会说，有罪的是肉体，因为自从我离开它的那一天起，我一直像只鸟一样在空中飞翔。"

拉比回答说："我打个比方来说明这个问题。比方什么呢？比方一个国王有座美丽的果园，园中长着鲜美的水果，他派两个人去看护果园，一个是瞎子，一个是瘸子。瘸子对瞎子说：'我能否踩到你的背上，摘些果子吃？'瞎子同意了，两人皆大欢喜。不多久，园子的主人来了，便问他们：'水果怎么少了？'瞎子说：'我没有眼睛，怎么能看到水果？'瘸子说：'我没有腿，怎么能够摘到水果？'国王怎么办呢？他责令瘸子站到瞎子背上，把他们当作一个人来审判。同理，神圣的上帝将把灵魂投入到肉体中，一起进行审判。"

"是啊，灵魂和肉体对于人的一生负有同等的责任。两者互为影响，邪恶的灵魂会败坏肉体，而病态的肉体也会污染纯洁的灵魂。"安东尼感悟道。

犹太拉比阿基巴被罗马人监禁了起来，卖粗面粉的拉比约书亚，每天都去看望阿基巴，并给他带些水去。一天，约书亚正好撞上了狱卒，狱卒说："你带来的水太多了，是不是企图在牢房里用水打洞（让囚犯逃跑）？"于是，狱卒把水倒掉了一半。当约书亚见到阿基巴时，阿基巴说："你难道不知道我老了，生活离不开你所带来的东西吗？"约书亚只好将狱卒把水倒掉的事情告诉了阿基巴。

"给我水，先洗洗手。"阿基巴说。

"那就不够喝了，你会渴死的。"约书亚说。

阿基巴高声说道："上帝认为，人每天都应该洗脸、洗手和洗脚。既然我们不能违背上帝的旨意，我们宁愿渴死也要先洗手啊。"

据说，在洗净手以前，阿基巴连一口水也没喝。

爱护自己的身体，保持身体的卫生与健康，是一种宗教义务，是对上帝的崇敬；而不顾惜自己的身体，或者故意糟践自己的身体，则是一种罪孽，是对上帝的亵渎。

只要你把一切允许做的事情，吃饭、饮酒、性交——做过了头，对自己的欲望失却了控制，尽管你不犯哪一条戒律，却成为一个"可鄙的人"。

有一次，拉比休纳让儿子拉巴去跟学者希思达学习。

"我为什么要跟他学呢？"拉巴说，"他讲的只是些世俗问题。"

休纳追问儿子希思达讲的什么问题。儿子说："老师把他的整个演讲用来讨论身体的功能。"

父亲大吼道："他是在讨论健康问题，而你却称之为世俗问题。就凭这一点，你更应该跟他学习了。"

神圣的上帝创造了天和地，创造了天上和地下的万物，上帝以他在宇宙中创造的一切创造了人：

上帝在世上创造了森林，也在人身上创造了森林，即人的头发。

上帝在世上创造了沟峡，也在人身上创造了沟峡，即人的耳朵。

上帝在世上创造了风，也在人身上创造了风，即人的呼吸。

世上有太阳，人也有太阳，即人的前额。

世上有咸水，人也有咸水，即人的眼泪。

世上有溪流，人也有溪流，即人的小便。

世上有屏障，人也有屏障，即人的嘴唇。

世上有高塔，人也有高塔，即人的脖子。

世上有桅杆，人也有桅杆，即人的手臂。

世上有桩钉，人也有桩钉，即人的手指。

世上有坑洼，人也有坑洼，即人的肚脐。

世上有流水，人也有流水，即人的血液。

世上有树木，人也有树木，即人的骨头。

世上有山丘，人也有山丘，即人的臀部。

世上有杵臼，人也有杵臼，即人的关节。

世上有快马，人也有快马，即人的双腿。

……

世上有高山与谷地，人也有高山与谷地。站立起来，人就像一座高山，躺卧下去，人就像一片谷地。

这样，你们就该知道，上帝是用他在世间创造的一切来创造人的。

健康的准则

保养好身体最重要的因素是清洁，它不是仅次于虔诚，而是虔诚最重要的组成部分。

饭前饭后一定要洗手。凡吃面包之前不洗手的人犹如嫖娼而犯罪。凡对洗手一事漫不经心的人，将被从世界上铲除。吃面包不洗手如同吃不洁的面包。

人不应该把喝过水的杯子递给别人，这对生命有危害。

触及身体任何部位的手（如果早上起床没有预先洗过

的话）应该砍掉。这种未洗的手会使眼睛瞎，耳朵聋，还能招致息肉病。洗手至少应洗三遍。

有三种出汗对健康有益：生病出汗、洗澡出汗和劳动出汗。假如用热水洗澡后不马上跟着用冷水洗，这就好像铁在炉内煅烧之后没有投入凉水中冷却一样。

拉比伽玛列说，我因三件事而羡慕波斯人：他们饮食有度，如厕有度，房事有度。他们吃的基本原则是：吃（胃的容量）三分之一，喝三分之一，留下三分之一的空隙。他们一般都是吃最简朴的饭，无论是出于节俭，还是出于健康。

不要坐得太久，这对痔疮不利；不要站得太久，这对心脏不好；不要走路太多，这对眼睛不好；应该三分之一的时间坐着，三分之一的时间站着，三分之一的时间行走。

在八个方面过度则有害，适度则有益：旅行、性交、聚财、工作、饮酒、睡眠、热水（饮用和洗浴），以及娱乐。有三件事削弱人的气力：恐惧、赌博和犯罪。

如果一个人说，"我将三天不睡觉"，他将受到严惩，并且必须立刻去睡觉。

虽然锻炼是保持健康、驱除大多数疾病的主要方式，人们还是不看重锻炼……

锻炼身体是不会过分的。因为身体的运动会激发自然的热能，并在体内形成超常的力量，否则，它们就会被排出体外。当身体休息时，自然的热能被压抑下来，超常的力量保留了下来……

锻炼可以消除许多坏习惯造成的伤害，而很多人都有这些坏习惯。据医者说，任何运动都不及身体的运动好处多。

锻炼有强有弱，如果一项运动很费力气，多做这项运动就会影响呼吸。剧烈的运动会使人疲乏，并非人人都能经受疲乏，都需要疲乏，因此，为了保持健康，锻炼时间不宜过长。

不要让自己沉湎于悲痛，也不要庸人自扰。

愉快的心境会让人保持活力，欢乐会使人益寿延年。

妒嫉和愤怒使人夭亡，紧张渴求使人早衰。

心境愉快、欲念正常的人吃什么都有味道。

有三样东西可以使人恢复良好的精神状态：美妙的声音、景色和气味。

情绪上的经历会在身体上留下人人可见的变化的印记。

你会看到，一个身体强壮的人，神采飞扬，嗓音愉快而有力。而当他突然完全受厌恶的情绪左右时，他表情阴沉，失却了原有的神采。他脸色改变，情绪低落，声音嘶哑而虚弱……他浑身乏力，有时会因虚弱而颤抖，他的脉搏也变得细微无力……

你可以在同一个人身上看到截然相反的情况：一个人身体虚弱，神情古怪，声音低沉，一旦碰到什么使他乐不可支的事情，你就会看到他身体也壮了，嗓门也高了，脸上也有了光彩。他动作敏捷，脉搏有力，体表温暖，脸颊与眼睛显露出他的欢欣……

……当一个人前所未有地浮想联翩，长时间地沉思，拒绝社会交往，或者当一个人回避以往他所有的愉快的体验时，在他消除极端情绪，精神状态有所好转以前，医生也拿他毫无办法。

饮　食

没有酒世界可以存在，没有水却不行。盐便宜，胡椒昂贵，世界上没有胡椒可以存在，但没有盐却不行。有些东西多用则有害，少用些则有益，这其中就有酵母和盐。

每次吃饭后吃点盐，每次饮酒后喝些水，这样你就不会因疾病受到伤害。吃饭不吃盐，喝酒不喝水的人，白天有口臭，夜晚喉咙疼。

让食物漂在水上的人不会患消化不良。人应该喝多少水呢？吃一块面包，喝一杯水。

如果一个人只吃不喝，他吃的饭就是血，并且是导致消化不良的开端；如果一个人吃过饭后不活动和行走，他吃的东西就会烂在胃中，这是口臭的开端；如果一个人吃着饭时需要上厕所，就好像是炉子的残灰未清除就要生火，这是身体产生异味的开端。

所有的生蔬菜都会使肤色苍白。甜菜汤对心脏和眼睛有好处，对肠道的好处更大。然而，甜菜汤只有经常放在炉火上并发出咕嘟咕嘟的声响时，才有此功效。

大蒜有几种好处：它舒身暖体，使面部有光泽，增加精液，杀死绦虫。小萝卜和鱼也极有利于健康。鸡蛋是最有营养的食品，尤其是煮鸡蛋。水果中最有营养的是枣，它既可以增加身体热量，又可以理顺大便，增强体质，并且不伤心脏，早午晚食用好处无与伦比，下午则有害。

吃早餐的好处：

吃早餐可以去热御寒，防风驱魔。

吃早餐可以使愚者聪明，可以使人在诉讼中获胜，有助于学习和传授经文，使言论受人重视，使人保持学问。

吃早餐的人出气不臭；他跟妻子一起生活，而不贪求别的女人。

早饭还可以灭杀肠虫。

有人说，吃早餐可以去除妒忌，鼓励爱心……

有一则谚语说："六十名运动员赛跑，谁吃了早饭谁领先。"

当你坐在丰盛的餐桌前时，不要舔嘴唇，也不要惊叹："多么丰盛的宴会啊！"

不要见了什么菜就够着去取，也不要把跟你一道做客的人让到菜碟跟前去；要根据自己对他的感觉做出判断，待人举止要周到得体……

在跟很多人一起吃饭的时候，不要把手伸到别人跟前去。

一个有良好教养的人少食而足，因此当他上床睡觉时不会感到气短。

食有节制的人睡得安稳，他能黎明而起，精力充沛。

而失眠、消化不良、腹痛的人大都是贪食者。

一个人要是像照顾他的坐骑那样照顾自己的身体，便可免除许多严重的疾病。因为你会发现，谁也不会给牲口喂过多的草，他对牲口是量力喂食的。可是，他自己却不加思量，吃得过多。人对自己牲口的劳动和疲劳的情况很关心，努力使它们持续保持健康的状态，不致生病，但对自己的身体却不在意……

人应当在感到饥饿的时候，在腹中空空、口内生津的时候才进食，因为这时人才真正饿了。人除了在真正感到渴了的时候不应喝水。这就是说，如果感到饿了或渴了，应该稍等一等，因为有时人感到的饥渴，其实是假饥渴。

素食主义是《圣经》的理想，让人宰杀动物是上帝对人类弱点和欲望的一种退让。总有一天，狮子会吃草，就跟牛一样。

适量饮酒有很多好处，它可以使身体保持健康，还能医治多种疾病。

但是很多人不知道何为适量，他们只图一醉……

少量饮酒有益，然而，必得食消后才饮。儿童不宜近酒，因为酒会使他们既伤身，又伤神……

人年纪越大，酒对他越有益，老人最需要酒。

诺亚去种葡萄时，撒旦出现在他面前。

"你要种什么？"撒旦问。

"葡萄。"诺亚答道。

"葡萄像什么样子？"撒旦问。

"它的果子无论干鲜总是甘甜的，用它酿的酒可以使人开心。"诺亚回答。

撒旦提议："我们一起来种葡萄吧。"

"很好！"诺亚说。

撒旦干了些什么呢？

他牵来了一头大绵羊和一只羊羔，在葡萄藤下面把它们宰杀了。

他又先后牵来了一头狮子、一头猪和一只猴子，也把它们一个个杀了，让它们的血滴到葡萄园里，浸入了土壤。

撒旦以此暗示，一个人在喝酒之前，就像绵羊一样朴实，像羊羔一样温顺。

当他饮酒适量，就会像狮子一样强壮，他会认为世上谁也不如他强。

当他饮酒过量，就会变得像一头猪，在污泥中打滚。

当他完全喝醉时，就变成了一只猴子，手舞足蹈，口吐污言秽语，却不知道自己在干些什么。

与疾病有关的

上帝教导人们："探视病人是没有限度的。"

"没有限度"是什么意思？

拉比约瑟夫解释道：这样做得到的报偿是无限的。

阿巴耶则说："执行上帝的训诫就一定要有什么报偿吗？""没有限度"的真正含义是：即便是伟大的人物，也应该看望地位低下的病人。

拉瓦说："一个人甚至应该每天探望病人一百次。"

有一次，拉比阿基巴的一个门徒病了，贤哲们谁也没有去看他。

后来阿基巴亲自到门徒家去，由于他注意扫地喷水，门徒康复了。

门徒说："先生，您使我死而复生。"

阿基巴走到门外说："不看望病人的人一如杀人者。"

拉比迪米说："探望病人的人使病人康复，不探望病人的人使病人致死。"

不应看望生病的敌人，也不应安慰居丧的敌人，因为病人会认为他的敌人在庆幸他的不幸。

不过，敌人的葬礼是可以参加的，而不必担心人们认为这是幸灾乐祸，因为那是每个凡人的归宿。

有一个人去探望病人，他问病人哪里不好，病人对他讲了。他说：

"哟！我老爹就是得这种病死的。"

病人极为痛苦。于是探望者说："不要发愁，我会祈祷上帝保佑你康复的。"

听了这话，病人说道："你祈祷的时候，请加上一句，愿那些傻瓜再也不要来看我。"

一次，拉比伊斯梅尔和拉比阿基巴与另一个人一起在耶路撒冷的街道上散步。他们碰到一个病人，病人说道："先生们，请告诉我怎样才能治好我的病？"他们建议他服用一种药，直到他觉得好些了为止。

跟他们一起散步的那个人问："是谁使那个人生了病？"

"是神圣的上帝。"两位拉比答道。

"那么，你们竟敢干涉不归你们管的事情吗？"那人大声叫道，"他在受上帝的磨难，而你们却来医治。"

"你是做什么的？"他们问那人。

"我是种地的，"他答道，"从我拿着镰刀你们就可以看出来。"

"是谁创造了土地和葡萄园？"

"是神圣的上帝。"

"那么，你竟敢闯入不属于你的地方！上帝创造了这些东西，你却吃它们的果实！"

"你们没有看见我手里拿的镰刀吗？"那人说，"如果我不去耕地、掩土、施肥、除草，什么也长不起来。"

"傻瓜,"两位拉比说,"如果不施肥、不耕作、不除草,树就长不大,即使长大了,如果不浇水,它也会死去——人的身体就跟树一样,医药就是肥料,医生就是农民。"

不正直的医生是死亡天使的同僚。

当你需要医生时,你尊他若神明;
当他救你脱离危险,你视他如救星;
当你已病消难除,你拿他当作凡人;
当他给你送来账单,你把他看作瘟神。

如果一个医生能够治疗而不给予治疗,即便有别的人可以给病人施治,他也无异于犯了谋杀罪,因为此刻也许他有特别高明之处,能够治好病人。

医生错误的大小与后果的严重程度并不相等,有时候他们犯了很严重的错误,病人却得救了,而有的时候,他们在治疗中犯的错误不大,病人也认为那不会有什么后果,可是这一错误却成了病人的死因。让一切明智的人们都警惕这样的教训吧。

我发誓,我一直在为一个目标而努力奋斗,那个目标就是能够惠及众生……

此外，对于人们所付的医疗报酬，我通常并不十分在意，但我给病人治病却仍旧非常热心，有时甚至不收分文；我还坚决而无私地拒收过许多人给我的报酬；我所追求的不是因病人的慷慨而使我更加富有，而是通过我的关心与勤勉，病人可以重新获得他们失去的健康。我对一切人均平等看待，不论他们的宗教信仰是什么，是希伯来人，是基督徒，还是穆斯林。

……我从来没有使人致病，在诊断时我总是讲真话。我对药贩子通常没有好感，除了那些我认识的在技术上和良心上都比别的药贩子强的人。开药时，我一向根据病人的耐药力适量给药。我从来不向人透露他人告诉给我的秘密……

……我出版了许多讨论医学问题的书，我无意以此获利。我对此注重的只有一件事，那就是我可以以某种方式为人类的健康贡献点什么……

不要向付不起钱的人索要医疗费，也不要拒绝给穷人治病。给穷人看病要格外小心，因为你再也找不到比这更好的使你声名远扬的捷径了。

为了增强生命的力量，人们应该运用乐器，并给病人讲令人心情愉快、兴致高涨的故事，谈论可以吸引他注意力的事情，使病人和他们的朋友快乐。

人们应该挑选那些让人愉快的人来陪伴和看护病人，这对任何一种疾病都是必要的……

医学在不断进步，可是医生和病人的关系却在日益恶化。对医生来说，讲得好听一点，这种关系的变化是由于医学发生了变化。在古代，除了理解、同情和个人的慈爱以外，医生可以给病人的东西不多。

医学的巨大进步，使人们必须成为专门人才，如果他们想与某一医学领域的进步同步前进的话，而这种专业化又迫使医生的形象发生变化。不过，在专业化和同情心之间，在仪器的使用与个人的感觉之间，并非一定会发生冲突……

医生并不是给药机，或者会说话的计算机。在治疗病人时，他还有伦理上的责任。医生和病人之间存在的不止是商业交易，不止是一个人类标本和一个医生之间的职业性关系，而是一种深刻的、人与人之间的联系，涉及关心、信赖、责任……

医生和病人之间有着一种契约，他能识透病人生命的隐秘，影响病人的生活态度，他往往决定着病人的命运。医生的角色通常有着极大的权威，而病人的心情则往往无比焦灼而又无可奈何。实际遭受痛苦的是病人，而医生则是病人希望的化身。

有一个动人的传说。当摩西不得已告诉他的长兄亚伦他的死期将至的时候，摩西和亚伦坐在一起阅读《创世记》中讲述的上帝创造世界的过程。每读完上帝创造一周中的某一天，摩西都大声赞道："创造这一天真是太美好了。"可是当他们读到创造亚当的情况时，摩西说："我不知道该对创造人作何评论，人的归宿是死亡，我怎么能说这是美好的呢？"亚伦马上答道："我们必须顺从上帝的意志。"这个回答给了摩西一个机会，以便可以启齿告诉亚伦，他的死期即将来临。

可以告诉重症病人，他应该注意自己的事务。如他借钱给别人或存钱在别人那里，或者别人借钱给他或存钱在他那里，他应该把这些事情交代清楚。但也应该告诉他，用不着因为问他这些问题而害怕死期迫近……

当病人死期将至时，建议他忏悔。并向他说明："有许多人忏悔以后没有死去，也有许多人没有忏悔却死去了。也许由于你忏悔得好，你还会得到生命。"

第三章 肉体生活

97

第四章　道德生活

任何有知识的人都不会贫穷。

有知识的人拥有一切，而没有知识的人拥有什么呢？人一旦掌握了知识，他还缺少什么呢？如果一个人没有掌握知识，那他拥有什么呢？

知识是甜蜜的

犹太小孩第一次上课，要穿上最好的衣服，由拉比或有学问的人带到教室。在那里，他会得到一块干净的石板，石板上有用蜂蜜写好的希伯来字母和简单的《圣经》文句。孩子一边诵读字母的名称，一边舔掉石板上的蜂蜜，随后，还要请他吃蜜糕、苹果和核桃。此举的目的是告诉孩子，知识是甜蜜的。

一个教师所教的学生不得超过 25 名，如果一个班的学生多于这个数，就得雇请助教。好学生要和差学生坐在一起，借以带动差学生。要奖励学生的成就，而不去惩罚他们的失误。

任何有知识的人都不会贫穷。

有知识的人拥有一切，而没有知识的人拥有什么呢？人一旦掌握了知识，他还缺少什么呢？如果一个人没有掌握知识，那他拥有什么呢？

无知者不可靠，怯懦者不可教，急躁者不可传道。

学习以致精密，精密以致热忱，热忱以致清洁，清洁以致节制，节制以致纯净，纯净以致脱俗，脱俗以致谦谨，谦谨以致避罪，避罪以致神圣，神圣以致神思，神思以致永生。

拉比们教导说：如果有一个人来到天堂前说"以前我太穷，忙于生计，所以不能学习"，那神就会问他"你以前比希勒尔还穷吗"？

老希勒尔是个穷人，他每天干活儿，却只挣得半个第纳尔，他把这点钱的一半交给学堂的看门人，另一半用来养家糊口。

在一个安息日的前夜，他没有挣到钱，看门人就不让他进学堂去。他爬到房顶，把头靠在天窗上，从那里他可以听到贤哲谢马亚和阿夫塔伦说的话。他趴在房顶上，大雪纷纷落在他身上，但他在那里趴了一整夜。

第二天早上，谢马亚对阿夫塔伦说："兄弟，这间房子天天都很亮，今天却这么暗，怕是外边天阴了吧。"

他们抬头望去，看见天窗上有一个人的身影。他们爬到屋顶，发现了希勒尔，白雪覆盖着他，他快要冻死了。他们把他抬下来，给他洗了澡，在他身上涂了油，把他放在火边。

两位贤哲说："这个人配得上过一个因他而被亵渎了的安息日。"

有一次，拉比萨格拉对他的教徒说："我们可以从所有事物中获得知识，不但可以从上帝所创造的一切中获得知识，人所创造的东西也可以给我们以教益。"

"我们可以从火车学到什么呢？"一个教徒问道。

"一个人可能因为误了一秒钟，便失去了一切。"

"可以从电报学到什么呢？"

"每个字都要计价收费。"

"电话呢？"

"那边听得见我们这边说的话。"

就像一个藏于深闺的女子一样，当她的朋友和她所爱的人走过的时候，她会将一扇秘密的小窗打开，让他看上她一眼，然后又久久退隐，教义也只把她自己显露于所钟情之人，而且并不是总用同样的方式。起初，她戴着厚厚的面纱，只是在你路过时招呼一声……

后来，她渐渐地走近你，轻声跟你说上几句，但她的容颜仍旧藏在密实的面纱后面，你的目光很难透进去。随后，她会跟你交谈起来，遮住她容颜的面纱越来越薄了。

在你习惯了跟她交往以后，她终将面对面地向你显露她的容貌，向你吐露她内心深处的隐秘。

从前，有一个以色列人，他的儿子对学习不感兴趣。老师终于放弃了努力，除了《创世记》以外，不再教他别的书。最后，城里来了军队，把这个孩子抓了去，将他囚禁在一个遥远的城市。

碰巧恺撒大帝来到了这个孩子所在的城市，还要来参观关他的那所监狱。恺撒要求看一看监狱里的书籍，他看见一本他不会念的书。

"这只能是犹太人的书，"他说道，"这里有会念这本书的人吗？"

"有，"看守答道，"我去把他带来见您。"

看守把孩子叫来，对他说："如果你不知道这本书怎么念，皇帝就会要你的脑袋。你死在这所牢房里，比皇帝把你的脑袋割下来，大概要好受一点儿。"

"我父亲只教会我读一本书。"孩子说。

看守把他从牢里领出来，给他穿了一身漂亮的衣服，然后带他去见恺撒。皇帝把书放在孩子面前,这孩子从"起初"一直读到"天地万物都造齐了"（第一章和第二章的一部分）。

恺撒一面听着他读，一面说道："上帝保佑，显然是上帝鼓励他的臣民，要把这孩子送还他的父亲。"于是他赐给这孩子金银，并指派两个卫兵把孩子送到他父亲那里去。

贤哲们听了这个故事后说："尽管孩子的父亲仅仅教了他一本书，上帝还是给了这位父亲报偿。那么请想一想，要是把《圣经》《释经》和《传说》都教给孩子，会得到多么大的报偿啊。"

给教师的忠告

只因有了活泼可爱的学生，世界才得以万世长存。一定不能使学生误了学业，即便是为了修筑庙宇。没有学生的城镇终将毁灭。

善学者年龄越大，智慧日益丰富；
无知者活得越久，愚蠢与日俱增。

如果你年轻时没有积累智慧，老了又怎会变得聪明？合理的判断凝于白首，明智的忠告出自老人；聪明智慧存于老人，真知灼见来自学者。

教师是学生生活中地位最高的人，配得上比父母更高的荣誉。

门徒能使老师增长才智，开阔思路。先贤说："我从老师那里学到很多知识，从同事那里学到的更多，而我的知识最多的是从学生那里学来的。"哪怕是一小片木材，也可以引燃一根大木头，学生思想的点点火花，能使老师的思想更加敏锐，学生提出的问题，会诱发出老师光辉的智慧。

拉比阿基巴因违抗罗马人的命令传授犹太教，被关进牢里。他的学生西蒙恳求阿基巴在牢房里继续给他传授教义。阿基巴拒绝了，因为这样做会危及他的学生的生命，但是，他用下面这则比喻向西蒙表明了他教书的强烈愿望。这则比喻表明了老师是多么地需要学生：

母牛哺乳的欲望比小牛吃奶的愿望更强烈。

有四种学生：

第一种：学得快也忘得快——他得失相抵；

第二种：学得吃力忘得慢——他失得相抵；

第三种：学得快却忘得慢——聪明的学生；

第四种：学得慢忘得快——这是命中不幸。

对学生的荣誉要像对自己的荣誉那样珍爱，对同事的荣誉要像对老师的尊严那样敬佩，对老师的尊严要像对上帝那样敬畏。

如果一个人要去为父亲寻找丢失的财物，同时又要为老师寻找丢失的财物，那么，老师应该优先。因为父亲只是把他带到这个世界上来，而老师教给他智慧，把他领入未来世界。

如果父亲和老师都挑着沉重的担子，那么，应该先帮老师后帮父亲。

如果父亲和老师都被人绑架，那么，应该先赎老师后赎父亲。

"应当远离虚假的事"是出自《出埃及记》的箴言。此处引用来是为了强调这一教训：说真话比赞扬老师更要紧。为了帮助老师，门徒绝不该对实情加以掩饰，更不用说公然撒谎了。

我们怎么会知道，当一个门徒坐在老师面前，见到穷人对富人犯错时，他不应该保持沉默，尽管可能老师的看法正好相反，因为《圣经》说："应当远离虚假的事。"

假定有一位老师对门徒说：你知道，即使有人给我一百迈纳，我也不会撒谎。现在，某某人欠我一迈纳，我确实有一个证人证明这一点（根据犹太人的法律，要迫使某个人还债，要求至少有两个证人）。你去站在法庭上，充当一个证人。你什么也不用说，因此你就不会撒谎。而你的出庭足以使他认为你就是一个证人，这样也许会迫使他还钱。即便是师生，这样做也是不允许的，因为《圣经》有言："应当远离虚假的事。"

有一次，拉夫来到一个城镇，命人们斋戒祈祷，以求天上降雨，但天未下雨。

一位教会的讲师来到方舟跟前，吟诵祈祷书中的话："上帝使风吹起来。"风即开始吹起来。他接着诵道："上帝使雨降下来。"雨便下了起来。

拉夫问他："你做了什么特别的事，竟得到如此报偿？"

讲师答道："我教育小孩子，既教富人的孩子，也教穷人的孩子。对那些付不起钱的人，我不向他们索费。我还有个鱼塘，如果哪个孩子不想学习了，我就给他几条鱼，让他去养，把他争取过来。这样，他很快又很想学习了。"

拉比谢拉特被人们称为优秀的、有献身精神的教师。

有一次，拉夫在花园里见到谢拉特，拉夫问他："你已经离开教学岗位了吗？"

谢拉特回答道："我已有十三年没有见过这座花园了，但即使在此刻，我的思想还是跟孩子们在一起。"

拉瓦说，如果有两位教师，一个很称职，另一个比前一个更强，不要让后一位取代前一位，因为在那样的情况下，由于缺少竞争，后一位就会变懒。但是拉夫却说，根据"同行相嫉增智慧"的说法，如果指派后一个做教师，他会干得更加努力（他努力工作以显示出别人的无能）。

拉瓦又说，如果有两位教师，一个教课教得快，但常有些错误，另一个教得慢，但是却没有错误，我们要聘请教得快的，因为时间长了，错误会自然清除。但尼哈德亚不同意这样的观点。他说，我们应该指定教得慢而没有错误的人做教师，因为一旦错误在学生的头脑中固定下来，就永远无法消除。

只要教师和孩子住在同一个镇上，没有河流阻隔，就可以把孩子转到更擅长于阅读和文法的教师门下学习。但是，我们不应将孩子送到别的镇上去学习，也不应该把孩子送到本镇的河对岸去学习，除非河上架着牢固的、近期不会坍塌的桥。

教师午夜即起，日间上课，教学期间斋戒，食无节制，都是不允许的，因为这样做会损害教师的健康，在教学中给孩子带来不良的影响。

谚语教导我们说："用适合孩子的方法培养孩子。"这就是说，如果你看到一个孩子学习《圣经》有进步，但却学不懂《塔木德》，那就不要勉强教他《塔木德》；如果他能懂《塔木德》，就不要勉强他学《圣经》。教孩子要教他能懂的东西。

如果老师讲了，学生不懂，老师不应该生学生的气，或者大发雷霆，而应当反复地讲解，直到学生充分理解为止。

作为学生，如果同学听了一两遍就懂了，而自己要听好多遍才懂，不应该因此而觉得丢脸。不过，这些看法只适用于学生因为课程太难或智力不高而不懂的情况。如果老师清楚地看到学生不懂经文是因为他们疏忽懒惰，他就有责任批评他们，让他们感到不光彩，从而激发起他们的上进心。

无论提问与讲解，老师都应在学生面前设置"陷阱"，以使他们的头脑更加敏锐，同时弄清他们是否记住了老师所讲的内容。老师应该随时就正在讲授的内容提问，以激发学生勤奋学习。

教师不要过分地约束他们（孩子），因为只有在轻松愉快的气氛中才能有效地进行教育。不时给孩子们一点钱或礼品，让他们高兴——这对他们的学习有帮助。

当一个人在教孩子（他们当中有些比别人聪明）时，发现让他们在一起不利于他们的学习，那些聪明的孩子单独需要一个教师时，他不应该保持沉默。即使他会因为把学生分开而经济上有所损失，他也应该对孩子的父母说："这些孩子单独需要一个教师了。"

让学生保持活跃的一种方法，就是用使人吃惊的话使他们振作起来，就像王子犹大所做的那样。

拉比正在讲课，突然发现听众在打瞌睡了，他要设法使他们兴奋起来。突然，他大声说道："埃及有一个女人，一次生了 6000 个孩子。"

学生依什梅尔正觉索然无味，听了这话大吃一惊，问道："那会是谁呀？"

拉比大声答道："就是约西贝，她生了摩西，而摩西一人可抵 6000 人。"

下面这个传说中的争论是因为"aksania"这个字有两个意思而引起的，"aksania"既可指小旅店，又可指旅店老板娘。

拉比们教导说：一定要用左手表示拒绝，用右手表示接受。不要像约书亚那样，他用两只手把他的门徒耶稣基督推走了。

约书亚做了件什么错事儿呢？

一次，他从亚历山大到耶路撒冷去，途中住进了一家小旅店，主人们对他非常尊敬。

"aksania 真漂亮！"约书亚说，他指的是旅店。

门徒耶稣却说："先生，她的眼睛像条缝。"他说的是旅店老板娘。

"坏蛋！"约书亚吼道，"你脑子里想的就是那些吗？"

约书亚吹了四百声号角，把耶稣开除了（开除教籍的仪式上要吹号角）。耶稣多次来找他，恳求道："请收下我吧！"但约书亚不理睬他。

一天，约书亚正在做祷告，耶稣又来找他，这一次，他打算把他收下。他向耶稣打手势，让他等自己做完祈祷。

可是他的学生以为自己又被拒绝了，便离开了老师。

不要说"我有空的时候会学习的"，也许你不会有空。

复习的益处是无穷的。复习 100 遍的人没法跟复习 101 遍的人相比。

人类的智慧凝于笔尖，

诗文篇篇闪耀着思想的光芒。

你手中的笔不过五寸，

威力可比国王的权杖。

并不是想到什么就应该说什么，也不是说什么就应该写什么，更不是写了什么就应该出版什么。

据说拉比阿基巴到四十岁时还什么书也没有读过。他和富人萨夫亚的女儿结了婚，妻子劝他到耶路撒冷去学习经文。

"我都四十岁了，"他对妻子说，"我还能成就什么？别人会笑话我，因为我什么也不懂。"

"我来做件事情给你看看，"妻子说，"给我牵一头背上受伤的驴来。"

阿基巴牵来了驴，妻子用尘土和草药把驴背上的伤处敷起来，那驴看上去非常可笑。

头一天，他们把驴牵到集市上去，人们见了就哈哈大笑。第二天，人们见了还是觉得可笑。但是到了第三天，人们再也不觉得可笑了。

"去学习经文吧，"阿基巴的妻子说，"人们今天会笑话你，明天他们就不会笑了，到后天，他们会说：'他有他的道理。'"

美德培养

通常，人间国王制定的法令，如果他本人愿意遵守，他就遵守；如果他不愿意遵守，就由别人来遵守。但是，神圣的上帝不一样，他制定了律令后，自己率先遵守。

据说有一个赶驴的来到拉比阿基巴面前对他说："拉比，请把全部的《托拉》一次教会我。"阿基巴回答说："孩子，我们的导师摩西在西奈山上住了四十天四十夜，才学会了它，而你让我只用一次就教会你！不过，孩子，《托拉》的基本原则是：己所不欲，勿施于人。如果你希望别人在涉及你的财产方面不伤害你的利益，那你也决不能伤害别人的利益。"

宁被诅咒，也不要去诅咒。

降低自己的人，上帝抬高他；抬高自己的人，上帝降低他。凡谦卑的人，终将会使神灵与其同在；凡傲慢之人，必为耶和华所憎。

胸中傲气十足的人，恰如崇拜偶像、拒绝宗教的基本准则以及道德沦丧的人一般。对这种人应该像对待偶像一样将其砍倒，他不会分享复活，并且神灵为他而伤心。人的品性与神圣上帝的品性不同。对人来说，地位高的人只看见地位高的人，却看不起普通人；上帝则不同，虽然他高高在上，却看得见每一个卑微的人。对于傲气十足的人，上帝说："我和他不能同住这个世界。"

在三件事上自我反省，你就不会被罪孽驾驭，要知道：你从何处来，到何处去，将要站在何人面前算总账。从何处来——来自一滴脓水；到何处去——去一处满是尘埃和蛆虫的地方；将来要站在何人面前算总账——站在至高无上的上帝面前，因为人的最终归宿不过是一条虫子而已。

有一种傲慢被单独挑出来，予以特别警示，即卖弄学问。因为学问被赋予了极高的价值，并且有学问的人得到了最崇高的荣誉，所以他们特别易于染上自高自大的恶习。

我的谦卑就是我的高贵，我的高贵就是我的谦卑。

人行慈善比献上所有的祭品更伟大。门不向慈善敞开，便向医生敞开。当一个乞丐站在你的门前时，上帝就站在他的右手边。

借钱济贫比施舍救难的人更伟大，而最伟大的人则是与穷人合伙投资的人。

在公开场合给乞丐施舍，还不如什么也不给。救济的最好形式是：捐赠者不知谁受，接受者不知谁赠。

为了将尸体抬出去和帮助新娘出嫁，可以中断《托拉》的学习。

安慰死者的家属，也是人应仿效上帝的行为之一。但对此的忠告是，不要在死者尚未出殡时前往，因为这时人们通常没有心思来听宽慰的话，葬礼之后有七天的哀悼期，这时应去探访遗属并给予宽心和安慰。

对囤积物产的人，放高利贷的人，卖货缺斤短两的人，搅乱市场的人，上帝永不原谅。

对其同胞犯下罪孽的人，必须亲自上门道歉。如果对方不接受道歉，应找不少于十个人，再次当众道歉。如果对方已死亡，必须前往他的墓地去忏悔。

如果一个人错误地怀疑了别人，他必须要去安抚他。仅仅这样还不够，他还要为对方祝福。一般来说，安抚的次数不超过三次，并且道歉不过夜。

如果你稍微地委屈了朋友，你要把它看得很重；如果你为他做了许多善事，你要把它看得很轻。如果他为你做了少许善事，你要把它看得很重；如果他深深委屈了你，你要把它看得很轻。

谁富有？为自己的一切而感到快乐的人。穷困本身并不是美德，清心寡欲和享乐主义都是有害的。故意逃避快乐和物质上的幸福，同样是有罪的。在神圣的上帝面前，没有悲伤。

美酒来了，理智走了；美酒来了，秘密走了。对于一个女人来说，一杯酒正好，两杯使之堕落，三杯使之举止伤风败俗，四杯使之自尊丧尽、廉耻无存。

人必须在吃饭前先喂牲口。

假如上帝没有把《托拉》赐予我们作为引导，我们就会向猫学习谦恭，向蚂蚁学习诚实，向鸽子学习贞洁，向雄鸡学习优雅的举止。

有三种人不得宰杀动物：聋哑人、低能的人，还有未成年人。第一种人不行，是因为他们不能诵说必要的祝福，后两种人不行，是因为他们没有充分的能力从事如此复杂的工作。其次，宰杀所使用的刀必须锋利光洁，刀刃上不得有一丝一毫的残缺。

有五种情形系不合格宰杀：一、延迟——刀的前后运动不能中断；二、用力——切割必须要轻；三、深刺——刀不得深插在肉里，而应划过喉咙；四、移刀——必须在脖子上规定的地方下刀，不得移位；五、撕扯——下刀时不得在气管或咽喉上移位。因为这些行为有可能给动物造成更大的痛苦。

第五章　社会生活

一种人易怒也易息怒，这种人失得相抵；

一种人发怒难平息也难，这种人得失相抵；

一种人发怒难平息易，这种人是圣人；

一种人发怒易平息难，这种人是恶人。

生命的价值

从前有一个人，他的妻子去世了，给他留了一个需要护理的孩子。他请不起奶妈来照顾孩子，因而在他身上出现了奇迹：他的乳房长大起来了，很像一名妇女，而且他可以自己来哺育他的孩子。

约瑟夫教士说："这是一个多么伟大的人，奇迹在他身上出现了。"

但是阿巴叶说："相比之下这个人多么可爱，由于他的缘故，天地万物的序列都发生了变化。"

一些公然反抗国王命令的人已到野外隐藏起来了，这个消息很快传到国王在耶路撒冷（大卫城）的官员和军队那儿去。许多人迅速去追他们，追上他们后占据了他们对面的位置。他们准备在安息日对反叛者发起进攻。

"现在还有机会，"他们喊道，"出来吧，只要遵守国王的命令，就能保住你们的生命。"

"我们不出去，"犹太教徒们答道，"我们不听从国王的命令，也不会亵渎安息日。"

他们于是开始进攻，但是犹太人不做任何反应，他们既不投掷石块，也不阻塞他们藏身的洞口。"让我们问心无愧地面对死亡吧。"他们说道……

这样，他们在安息日遭到了攻击和大屠杀，成千的男人、女人和儿童及他们的牛群遭到杀害。

当马提亚和他的朋友们听到这个消息时，他们感到无比悲痛。他们互相说道："如果我们像我们的兄弟们那样去做，如果我们拒绝为我们的生存、为我们的法律和习俗与异教徒作战，那么他们很快就会把我们从地球上消灭掉。"

他们在那一天决定，如果有人在安息日与他们开战，他们应该反击，而不能像他们的兄弟们在洞里那样全部去等死。

犹大拉比以撒母耳的名义说："如果我在那儿，我会更确切地告诉他们：'你们应该遵守我的法律和准则，它们是人类赖以生存的东西。'"

"人类只会依靠它们而生存，不会由于它们而灭亡。"

如果要将一个孕妇处以死刑，不必等她生产就可以执行死刑；但是，如果她已经坐在了分娩凳上，那么必须等她生产后……

如果孕妇难产，可以将孕妇子宫中的胎儿切碎，并一块块地取出来，因为孕妇的生命要比胎儿的生命重要。

但是，如果胎儿的大部分已经生出来了，就不能这样做了，因为我们不能为了一个人的生命而置另一个人的生命于不顾。

有两个人在进行穿越沙漠的旅行，他们两人中的一个人有一瓶水。如果他们俩同时喝这些水，他们会一起死去。如果只有一个人喝水，他将能够到达文明世界。

本·佩特拉认为这两个人应该同时喝水并同时死去，以免一个人目击他的同伴死去。

后来，阿基巴教士出来说道："《圣经》中写道：'你的伙伴和你生活在一起。'这句话的意思是你的生命在你同伴的生命之前来到世界上。"

我们不知道本·佩特拉是谁，但我们知道阿基巴，而且我们可以肯定他是犹太教的权威发言人。本·佩特拉是利他主义者，他没有站在人类自身的角度来评价人类生命的价值。对他来说，只要利他主义思想流行起来，在只会死一个人的地方最好两个人都死。犹太教的道德观对这个问题的看法相反。导致丧失生命的任何行动都是罪恶，即使这个行动产生于爱和同情这样最纯洁的感情，即使受害者是他自己，这也是罪恶。在我们面前的情况是有可能挽救这两个人中的一个，克服同情的感情，并挽救有可能获救的人是一种道德义务。但是挽救谁呢？公正地说，让有能力挽救自己的人获救。每个人的生命都是托付给他自己保护的，保护你自己的生命与保护你周围人的生命相比，前者是第一位的。

即使阿基巴的观点是可接受的，如果一个人喝了这些水就可获救，但这只意味着没有必要两个人一起死。按通常方式，在这种情况下拥有水的人会喝水，但这不符合阿哈德·哈姆所说的情况：因为这是"保护你自己的生命与保护你周围人的生命相比，前者是第一位的责任"，而不是简单地由于一个人不会把水递给另一个人，因为他不愿看着他们把水递来递去。但是，阿基巴认为，如果拿着水的人想把水递给他的同伴，那么他的行为是十分虔诚的行为……本·佩特拉当然也不会反对这两个人中的一个人让他的朋友喝水并获救。在阿基巴和本·佩特拉之间的争论仅涉及这两个人都想喝水的情况。对此，阿基巴认为如果一个人能生存，那么让两个人一起去死就是错误的……

但是，对于"某个人处于十分严峻的存亡关头，就可能会升华出高尚的精神为其朋友献出生命……这样他就是一个高尚的人"，犹太教也会这样认为。犹太教的历史上并不缺乏这样的"愚神"。

如果一个人能够拯救另一个人而没有去救，那他就违背了这条圣训："当你周围的人处于危险之中时，你不能袖手旁观。"（《旧约全书》第三卷 19 ： 16）

类似的，如果一个人看见另一个人落入海中，或受到了强盗的袭击，或受到了野兽的袭击，他虽然有能力自己去救这个人或雇用他人去救这个人，但他没有去救；或者，如果一个人听到了异教徒或告密者在策划针对另一个人的罪恶阴谋，或在对另一个人设圈套，他没有去提醒这个人注意并让他知道这件事；或者，如果一个人知道一个异教徒或一个极端分子打算袭击另一个人，虽然他能够为这个人平息这件事，使有这种打算的人改变主意，但他没有这样做；或者，一个人有任何类似的行为——在上述各种情况下他都违反了禁令："当你周围的人处于危险之中时，你不能袖手旁观。"

虽然没人对这些禁令提出严厉批评，因为破坏这些禁令属于非法行为。但是冒犯行为是十分严重的，因为如果一个人杀害了一个以色列人，这会被人们看作好像是他毁灭了整个世界；如果一个人保护了一个以色列人的生命，这会被人们看作好像是他保护了整个世界。

如果一个小偷在掘地道（为进入某地）时被抓住了，

并被鞭挞致死，在这种情况下没有犯杀人罪的问题。

必须不惜以其生命为代价将下列人从罪恶中拯救出来：追赶他的同伴并要将其杀死的人，为同性恋目的追求他人的人，追求并想奸污已订婚女子的人。

当雅各布在等伊索时，伊索正带着四百个人向他的营地赶来，《圣经》说他"十分害怕和忧伤"。

犹大·伊拉易拉比说："害怕和忧伤不是同一事情吗？"

然而，这个意思是指他害怕他会被杀掉，而且他忧伤他会被杀掉。

因为他想："如果他战胜了我，他不会杀了我吗？如果我赢了他，我不会杀了他吗？"

一个人去找拉瓦并且对他说："我的镇上的当权者命令我去杀一个人。他说，如果我不按他的命令去做，他就要杀死我。我该怎么办呢？"

拉瓦回答他说："他就是杀了你，你也别去犯杀人罪。"

"你怎么知道你的生命比他的生命更重要呢？也许他的生命比你的生命重要。"

研究《旧约全书》的罗马人找到了约·哈南拉比，将一个《旧约全书》卷轴放在他心脏的边上。

他们把他包在《旧约全书》卷轴中，在他周围放置一捆捆枝条，并把这些枝条点燃。然后，他们拿来了数捆在水中浸泡过的木头，并将这些木头放在他心脏附近，这样他就不会很快死去。

他们向他叫道："拉比，你看见了什么？"

他回答说："文稿已经在燃烧，但其精神实质却在高空飞翔。"

"张开嘴，这样火会将你烧透。"他们说道。

他回答说："让赋予我灵魂的上帝将我的灵魂带走吧，但是，谁也不能伤害我本身。"

对于自杀者，不举行任何形式的仪式。依什梅尔拉比说："他们可能是由于十分悲痛（而自杀）。哎，误入歧途的蠢人！哎，误入歧途的蠢人啊！"

阿基巴拉比在谈到不论是谁自杀时说："让人们忘却他吧，既别赞美他，也别咒骂他！"

没人悲痛欲绝，没人伤心哭泣，也没有人颂扬他。但人们应该排队向他朗诵送葬者的祝福，这是出于对活着的人的尊敬。一般规则是：公众应参加出于对生者尊敬的一切活动，而不参加出于对死者尊敬的一切活动。

什么样的人可以认为是自杀呢?

并不是那些爬到树顶上或房顶上并掉下来摔死的人算是自杀。而是那些说"请看,我要爬到一棵树顶上"或"我要爬到房顶上,然后自己跳下来摔死",并且有人看见他爬上了树顶或房顶并跳下来摔死了,这样的人被认为是自杀。对这样的人,不应举行任何仪式。

如果人们发现一个人吊在树上勒死了,或者是被剑刺死,这将认为他是无意识地使自己死亡,对这样的人不应拒绝举行任何形式的仪式。

戈高斯的儿子逃学,戈高斯威胁说要打他耳光。由于惧怕他父亲,儿子逃了出来并跳入了水池中。这件事提交到塔福恩拉比面前,他规定说:"不要拒绝举行任何形式的仪式。"

毁灭自己的生命被认为是所有罪恶中最为凶残的罪恶,但是,为了信仰而牺牲自己的生命却属于所有最高尚的行为之一。然而,那些高度重视生命价值的圣人们警告人们不要寻求不必要的殉难。他们所强调的一点是,如果私下强迫一个犹太人这样做以挽救其生命是违反宗教法律的,如果公开进行这样的冒犯就"亵渎了上帝的名誉"。

"那些热爱我并遵守我的圣训的人"(《出埃及记》20:6)是指那些生活在以色列的土地上,并以生命捍卫这些圣训的人。

"为什么要将你斩首？"

"因为我为我的儿子割了包皮，并使他成为一个以色列人。"

"为什么要将你烧死？"

"因为我读了《旧约全书》。"

"为什么要把你钉在十字架上？"

"因为我吃了未经发酵的面包（在逾越节）。"

"你为什么挨了一百鞭子？"

"因为我进行了犹太感恩节的庆祝。"

这些苦难使我感受到了天堂中圣父的爱。

如果出现了一个偶像崇拜者，他强迫一个犹太人去违反在《旧约全书》中提到的任何法规之一，并威胁说不如此便会将他处死，这个犹太人应该去违反法规而不要去死……

这项法则可以用于除了禁止偶像崇拜、淫荡和凶杀的法规之外的所有法规。对于这三条法规，如果一个以色列人被告知，"去违反这些法规的一种，否则要将你处死"，他应该迎接死亡而不去违反这些法规。上述区别仅仅当偶像崇拜者的动机是取得个人优越感时是成立的。例如，他强迫一个以色列人在安息日为他造房子或为他烹调，或者强迫一个犹太女人与他同居等。但是，如果他的目的是强迫以色列人违反其宗教法律，如果这只是在私下发生，并且没有十个以上以色列人在场，他可以接受违反法规的命令而不去送死。但如果是企图强迫以色列人在有十个以上以色列人在场的情况下去违反法规，他应该选择死而不去违反……

所有上述规则可用于宗教迫害之外的时期。但是，在宗教迫害时期内，例如，当出现了一个邪恶的国王时……其法令反对以色列人，目的是取消犹太宗教或其宗教规则之一，这时以色列人的义务是承受死亡，不违反任何一条法规，即使是剩余法规也不违反。无论是在有十个以色列人在场或盲目崇拜者在场的情况下都不屈服于强迫。

当其是以强迫违反法规取乐而不是要进行杀害时，如果选择死亡而不违反法规，这种死要受到责备。

当其是以死取乐而不是要强迫违反教规时，应选择死而不是去违反教规，这是为上帝的名誉而牺牲……

如果其目的是以死取乐而不是强迫违反法规，这时屈从于违反法规并逃脱死亡，这就亵渎了上帝的名誉……然而，在强迫下他屈从于违反法规，他不会受到鞭打的惩罚，也不用说，即使是在强迫下他犯了凶杀罪，他也不会由法庭判处死刑。因为处死和鞭打的刑罚仅用于处罚那些有目击者在场和在为警告其他人的情况下，为了自己的自由而违反法规的人。

······七个兄弟和他们的母亲被捕了，国王用鞭子和皮带拷打他们，强迫他们吃猪肉。七兄弟之中的一个说："你们审问我们是想知道什么？我们宁愿死也不会违背祖先的法律。"

国王被激怒了，他命令把巨大的平底锅和大锅加热，手下的人马上照办了。他又命令将说话人的舌头割掉，并在他的母亲和六个兄弟的面前剥掉他的头皮并断肢。这个被残害的人仍在呼吸着。

国王命令将其放入火中并在一个平底锅中烤着，随着烟雾向四外散开，这位母亲和她的儿子们在互相鼓励着："要高尚地死去。上帝在看着呢！"他们说，"毫无疑问，主将怜悯我们。"

在第一个兄弟这样死去后，第二个兄弟也受到了同样的酷刑······在他之后第三个受到了酷刑······当他死后，他们以同样残忍的方法残害了第四位······第五个兄弟也受到了酷刑······而后又将第六个带进来了······

只剩下最年幼的兄弟了，国王对他的审问没有得到满意的答复，就向他起誓保证说，如果他放弃祖先的风俗，他就会变成一个非常富有的人······

由于这个年轻人不理会国王的劝说，国王将其母亲传唤来，让她劝儿子保住性命……

她靠近儿子，内心轻蔑着残忍的暴君，她用他们的民族语言说道："我的儿子，我很心疼你。我在子宫内怀了你九个月，并哺乳了你三年，抚养你到现在的年龄。我请求你，孩子，看看天空和大地吧，看看天地间的万物，这样你就会意识到上帝创造的万物都是微不足道的，人也是以同样的方式来到这个世界上。别害怕这个屠夫，你要接受死亡，并证明你和你的兄弟们一样死得有价值，这样上帝就会怜悯我们，使我们再次相聚。"

她刚刚说完，这个青年人就喊道："你们还在等什么？我是不会服从国王的命令的；我要遵守摩西交给我们祖先的法令……"

国王被这些轻蔑的词语激怒了，他火冒三丈，将这个年轻人处以更为残酷的刑罚，这个年轻人就这样死了……

最后，这位母亲在她的儿子们之后也死去了。

在他们当中，母亲是最突出的，值得以特殊的敬意去悼念。在一天内她看着她的七个儿子全部死去了，但她勇敢地承受了这一切，因为她寄希望于上帝。她用本民族的语言鼓励了她的每一个儿子……

当阿基巴拉比被提出来处以死刑时，这正是到了要读施摩（宣布上帝统一性的祈祷）的时候了。

当他们用铁梳耙刺他的皮肉时，他朗诵起了祷文。他的门徒们对他说："我们的先生，甚至在这个时候还要诵祷文吗？"

他对他们说："在我的一生中，我都在思考着这个韵文，'你要用你整个灵魂来爱上帝'，（我对这句的解释是）即使是上帝带走了你的灵魂也要这样做。当我有机会完成这一点时，我要求自己这样做。现在我有这样的机会了，我能不去完成这件事吗？"

个人与社会

一群人同在一条船上，其中一人拿一把钻在身下开始钻洞。别的旅客对他说："你这是干什么？"他回答说："我在自己的座位下面打洞，与你们何干？"旅客们驳斥说："一旦船底打通，水会进来把大家淹死！"

人只有自食其力才心安理得，即使靠父母或儿女养活，心也不安。那么靠外人养活就更不必说了。

拥有一份自己的，比拥有九份别人的更让人高兴。

一个人该走什么样的正道？应该自己觉得体面，又能赢得别人的敬重。

什么人能受到敬重？敬重别人的人。

上帝认为：“不先征求社会的意见，我们不能为大众任命统治者。”

要提防当权者，因为这种人不是为了私利便不会亲近于人。为了自己的好处时，他们貌似朋友；当别人有危难时，他们离你而去。

弄权者必为权所埋葬，权力其实是奴役。

当上帝创造了第一个人时，他带领他绕着伊甸园中所有的树而行。

上帝对他说：“看看我的工作吧，它们多么美丽，多么壮观。我在这儿创造的一切都为你们所有的人在地球上创造了。想想这一切，别败坏和毁坏我的世界；如果你败坏了它，就没人能在你们之后再把它安置好。”

世界仅仅是由于选中了和选择了它而创造的。

人是选择的主人，他会说，整个世界仅仅是为我而创造的。因而，人应该在任何时候和任何地方来保证拯救这个世界并满足它的需要。

无论是谁砍倒一棵结果实的果树都会受到鞭打。这种处罚不仅仅只用在围城时砍倒果树，无论何时，毁灭性砍伐结果实的树木都会受到鞭打。然而，如果这棵树对其他树木造成了损害或对属于他人的场地造成了损坏，如果这棵树用于其他目的的价值更大，那么就可以将其砍伐。法律仅仅禁止不负责任的毁坏。

砍伐结果实树木的人和那些破坏性地打碎家用物品、撕破衣服、破坏建筑、阻塞泉水或浪费粮食的人都违反了这条命令：你不能毁坏。

禁止在没有绿色庭园的城镇生活。

兽尸、墓地和制革厂必须距城镇很远（因为其气味很坏）。制革厂只能建在城镇的东边（因为东风很柔和，不至于将臭气带到城镇里去）。

在耶路撒冷实行了十条特殊的法规。这些法规是：城中不许设置粪堆；城中不许设置窑炉；除了早期的先知者们遗留下来的蔷薇花园外，不许在城内开垦花园和果园；不许在城内养鸡；死去的人不许在城内过夜……

城内不许设置粪堆是为了防蛇（蛇会在粪堆中繁殖）。

城内不许设置窑炉是因为窑炉会产生烟。

城内不许开垦花园和果园是因为肥料和花草、果实的腐烂会发出恶劣的气味。

城市的空气质量与沙漠和森林的空气质量相比，就像混浊湍急的水与纯净清澈的水相比一样。这是因为在城市中楼高路窄，城市中的居民、废弃物品、动物尸体、宰杀家畜后的内脏和变质食品的臭气会造成城市污染，会使整个城市的空气变得恶臭、带有烟气并且混浊，风也带有这些气味，而且人们没有意识到这一点。

由于我们是在城市中长大的，已习惯了这个地方，不可能再搬出城去。但是，我们至少可以选择一个地域开阔的城市……如果你们没有任何其他选择，而且不能搬到城外去居住，那么至少应该选择住在城市的东北郊。将房子建得高一些，庭院要足够宽，使得北风能吹进来，太阳光能照进来。太阳光能减少空气的污染，使空气清澈纯洁。

一个在进行粗野游戏的男孩，他以受伤甲虫的痉挛或患病动物的痛苦取乐，那么他很快就会变得对人类的痛苦无动于衷。

即使是那些你认为世界上没必要存在的动物，像蚤类、昆虫、蚊子和苍蝇，但它们也是世间万物的一部分。

上帝要通过创造世间万物来达到他的目的，甚至包括创造蛇、蚊子和蛙类。

一个人在没有喂他的牲畜之前禁止吃饭，因为《圣经》中说："我为你的牲畜在田间提供了青草。"而后才说："你可以吃饭了。"

如果你在路上偶然发现了一个鸟巢（这个鸟巢在一棵树上或是在地上），巢中有小鸟或是有鸟蛋，母鸟正在照料小鸟或是在孵蛋，别将母鸟和其幼子一起抓走。应放走母鸟，仅仅抓走幼子，这样你会走好运并且长寿。

"别将小动物与其母亲一起抓走。"——《圣经》禁止造成物种灭绝的毁灭性行为，即使这种行为是得到了对这种物种屠宰的宗教许可也属违禁。在同一天内杀害动物幼子及其母亲，或当它们自由飞翔时将其抓获，都将被认为是在毁灭这种物种。

禁止在同一天同时宰杀动物及其幼子，这样就可以限制和防止人们同时杀死动物及其幼子，避免幼子死在其母亲眼前，因为在这种情况下，会给动物造成极大的痛苦。

母亲对其子女的爱护和体贴并不是由某种原因产生的，而是天生的，不仅人类有这种本能，而且大多数动物也有这种本能，所以，在这种情况下人类的痛苦和动物的痛苦是没有区别的。

当我们要抓幼子时应让其母亲逃走，这条法规也可以用下面的原因来解释：如果法律规定不应对家畜和鸟造成这样的痛苦，那么我们也就会非常小心地去注意不给我们的同伴造成痛苦。

拉比（犹大君主）遭受到胆结石和其他疾病的痛苦，对此学者们作了如下解释：

拉比由于一件小事遭受到了痛苦，他又以同样的方式摆脱了痛苦。

导致他遭受痛苦的小事是什么？

一头小牛要被宰杀了，它逃出了牧群，将它的头藏在教士的衣服下，并惊骇地吼叫着。

拉比将它推开，并说道："走开，你生来就是要被宰杀的。"

这时，天使们这样说这个拉比："由于他没有一点同情心，我们让他受些痛苦吧。"

那么，拉比是怎样摆脱痛苦的呢？

一天，拉比的仆人在打扫房子，她在地板上发现了几只小鼬鼠，并要把它们清除掉。

"把它们留下，"他对她说，"《圣经》中写道：'主怜悯所有他创造的生物。'"

这时天使们这样说这个拉比："由于他已表示出了同情心，让我们也同情他吧。"

上帝用羊来考验摩西。

当摩西照料他岳父杰思罗的羊群时，一只小羊跑掉了。摩西跟在小羊后面追，最后小羊来到了一个阴凉处，它在这儿找到了一个水塘，于是停下来喝水。

摩西走近小羊并说道："我不知道你跑是因为你渴了，现在你一定疲倦了吧。"于是他将小羊放在他的肩上，把它带回去了。

上帝说："由于你在照看羊群时表现出了极大的同情心，那么在管理我的教徒们——以色列人时，你一定也会表现出同情心。"

人们问一位拉比，是否可以允许犹太教徒进行狩猎活动。他对这个问题的回答常常在犹太教义中被引用为关于狩猎的主要观点：

一个犹太教徒怎么能不为任何人的利益去杀害动物，而这仅仅是为了满足"他消磨时间的享受"？……

在犹太教法典中，只允许当野生动物侵入人类居住区时才将它们杀死，但是，野生动物很少去人类居住区。在森林中野生动物自己的领地追赶这些动物，是任何戒律都不允许的。这种追赶只不过说明了这个人心里想干什么。

当一个人为生计所迫不得不这样做时，我们不应说他进行狩猎是残忍的，这就像我们为了人类的需要要宰杀牛、鸟和鱼一样……但是，如果生活并不需要他这样做，他的狩猎与其生计无关，那么这种狩猎就是残忍的行为。

劳动者的价值问题

工作是人的责任，不仅仅是为了谋生，同时也是为保障社会秩序而贡献自己的一份力量。

最好是把研习《托拉》和世俗的职业结合起来，因为从事这两者所需要付出的劳动能使人忘掉罪恶。只研习《托拉》而不工作终将一事无成，并将成为罪恶的起因。

如果一个人早上学习两段律法，晚上学习两段律法，而在白天投入到工作中去，这就相当于他遵行了全部《托拉》。

上帝对亚当说"地必须给你长出荆棘和蒺藜来"时，

亚当的眼中充满了泪水。他对上帝说："宇宙的主啊！难道我要和我的驴同槽进食吗？"上帝补充说"你必须汗流满面才得糊口"时，他才放下心来。

父母有义务教会儿子一门手艺，不教儿子手艺就等于教他去做贼。有手艺的人就像有围墙的葡萄园，牲畜、野兽进不来，行人也吃不到、看不见；没有手艺的人就像围墙坏了的葡萄园，牲畜、野兽都能钻进来，行人既能摘得到，也能看得着。

白天干活的人到了晚上领取工资，晚上干活的人次日白天领取工资。按小时干活的人，一天一结；按周、月或年为周期干活的人，也要到期领取工资。凡延付仆人工钱的人，无异于夺其性命。

有人去找泥瓦工约瑟夫就某个问题向他咨询，而当时他站在脚手架上。找他的人对他说："我想问你点事。"但他回答说："我不能下去，因为白天我已经被雇佣了。"约瑟夫觉得他没有权利使用属于他雇主的时间来办私事。

一个人在晚上工作了之后，不得在白天再把自己租出去。他不得让自己太疲劳，因为这样他会为其雇主少干活。凡在工作中不听雇主指示的人应称之为盗贼。

拉比朱达去学校的时候，总要肩扛水罐，他说："劳动最伟大，因它给人带来荣誉。"

一个人应该热爱工作而不应厌恶工作。正如《圣经》旧约前五章所述，工作是一种契约，"一周中的六天你要做完所有的工作，第七天是主的安息日"。（《出埃及记》20：9）

富人也要热爱工作，就是说，一定要干一些有价值的事，不要闲着——因为空闲是一切麻烦的导因。

如果一个人对你说："我工作了，但毫无结果。"你不要相信他。

如果一个人对你说："我还没干，就获得了成就。"你也不要相信。

如果一个人对你说："我工作过了，也有所收获。"你可以相信。

你这个懒汉，去看看那些辛勤的蚂蚁。
想想它们做事的样子，你就会聪明起来。
没有谁监督它们。

它们在夏季时尽情饮食。

它们收获时就把食物都储存起来了。

哦，懒汉，你还要睡多久？

你什么时候从睡梦中醒来？

少些睡梦，少些打盹。

不要弯曲你的手臂——

于是贫穷就一闪而过，

你的愿望会像一位全副武装的武士。

这个传说以哈德里恩皇帝开始。一次，他看到一位老人在非常起劲地栽种无花果树，便问他是否觉得能够享用到这棵树的果实。老人回答说，如果他自己不能活到无花果结果的时候，他的孩子们可以吃到树的果实，皇帝说："如果您有幸吃到无花果，请告诉我。"

随着时间的推移，树上结出了无花果。老人提着一篮子无花果去见皇帝说："我就是那位曾被你看见栽种无花果树的老人，这些无花果是我劳动的果实。"

皇帝为老人所感动，让他坐在金椅子上，把他的篮子装满了金子。

他的仆人反对说："你想给一个犹太老头儿这么多荣誉吗？"

皇帝回答："这是造物主给他的荣誉。我难道不应该这样做吗？"

那个老人一位邻居的妻子听说这件事后，对她丈夫说："皇帝喜欢无花果。你给他无花果，他就给你金子。"

那个人按照他妻子讲的，提了满满一篮子无花果到宫里，向皇帝请求交换金子。

皇帝得知此人来意之后，勃然大怒，命令说："让这个人站在宫殿的大门前，每个进出宫殿的人都要向他脸上扔一个无花果。"

当晚，那个人被遣送回家时，已是伤痕累累。"我要回敬你我在宫中得到的荣誉。"他向他的妻子嚷道。

他妻子反驳说："去把这个好消息告诉别人，说你带去的是无花果而不是柠檬，而且那些无花果都熟了，一点也不硬。"

几个挑夫不小心把圣哲拉巴的一桶酒给丢了。作为对他们的惩罚，他把他们的大衣给拿走了。

那些挑夫到拉弗那里去抱怨，于是拉弗下令归还他们的衣服。

"这合法吗？"拉巴问道（他自己知道这是合法的）。

"合法。"拉弗回答，"因为《圣经》说：'你可以成为一个好人。'"（《格言》2：20）

挑夫得到归还的衣服后说："我们是穷人，我们整天都在工作，我们饥肠辘辘。我们难道没有权利要求得到薪水吗？"

"付钱给他们！"拉弗命令道。

"这合法吗？"拉巴问（他对命令他向这些破坏了他的财产的人付钱感到很吃惊）。

"合法，"拉弗回答说，"因为有明文写道：'要走正直的路。'"

市场道德

对于一个商人来说保持清白是多么困难，对于一个店主来说要想做到绝对诚实又是多么困难！

就像一个铁桩被紧紧夹在石头中间一样，不忠诚也被夹在买卖之中。

除非一个人坚定地保持着对上帝的敬畏，不然他的房子不久就会变成废墟一片。

我们的先哲们这样写过：一个人不必提防一个公开散布邪恶的人，也不必提防一个真正虔诚的人，当然你知道他非常忠实；但是一个人必须提防装作很正直的人，这种人经常吻他的祷告书，吟诵赞美诗而且日夜做祷告，但是他在钱的事情上是个骗子。

有的人认为上面这种人是真正虔诚，因为他对主的尊崇是如此诚挚……但是在更多的情况下，人们还是不愿意信任这种人。

真正的虔诚是由对钱的态度决定的，因为只有当他在钱的事情上是清白的，他才可能被认为是真正虔诚的。

一次，拉比撒夫拉正在做早祷告，这时候一个顾客来买他的驴子，因为撒夫拉不想打断自己的祷告，就没有立即回答。买主把撒夫拉的沉默误以为是不同意自己开的价，于是买主就提高了价钱。看到拉比仍然没有回答，买主又提高了价钱。

拉比做完祷告之后，他对买主说："我已经决定以你第一次开的价把驴子卖给你，只不过刚才我不想打断祷告和你说话。因此你可以以这个价买走驴子，我不会接受你出的那些高价。"

一次，拉比西蒙买了一头以实玛利人的驴子，他的门徒来了后发现驴子的脖子上挂着一块宝石。

门徒就对西蒙拉比说："长老，上帝的保佑使得一个人富有。"

西蒙拉比回答说："我买了一头驴子，但我并没花钱买一块宝石。"

拉比于是把这块宝石还给了那个以实玛利人。这个感激万分的商人赞叹道："愿西蒙永远得到上帝的祝福！"

你不许在口袋里藏有大小不一的砝码，也不许在你的房间里藏有大小不一的尺子。

如果你想在上帝——神赐给你的土地上久居的话，那你必须拥有完全准确的砝码和尺子。

因为任何人做的那些不诚实的事情，不诚实的交易，都是与上帝不一致的。

一个批发商每三十天必须清理一次他的量具，而一个小生产者可以十二个月清理一次。

拉巴·迦马列所说的相反的意见也是正确的："一个小生产者应该经常清理他的砝码，因为经常不用，它们会粘上很多东西而变得不准确了。"

一个店主每星期必须清理一次他的量具，一个星期擦一次砝码。再有，称完每样东西之后都要清理秤。

学者塞缪尔在食物价低的时候，囤积了很多食物。等到涨价的时候，他以很便宜的价格把他的食物卖给穷人。

其他圣贤说他应该停止这种做法。

原因是什么呢？

因为他囤积粮食会使价格上涨，而且一旦价格涨上去，就很难再降下来。

人们说到拉比胡那，说他在每个安息日的晚上都会派一个仆人去市场把所有未卖掉的产品全买下来，并且把它们全扔进河里。

为什么他不把它们分给穷人呢？

他害怕穷人们会从此依靠他而不再想办法自己购买食物。

他为什么不把那些蔬菜喂动物呢？

因为他信奉食物是为人而生长的，不能喂了动物（而且这样一来人就被侮辱了）。

那么他又为什么把所有的产品都买下来呢？

因为他害怕要是食物卖不掉，那么那些农场主就会在不远的将来减少供给以抬高价格（这样就造成了使穷人更加困难的局面）。

朱达拉比说："一个店主是不允许给孩子们炸果仁吃的（这些孩子是他们的妈妈让他们到商店去买东西的），因为这样做就会鼓励这些孩子只去这个店主的商店（造成不公平的竞争）。"

但是圣贤们却允许这样做。

朱达又说，一个店主不能低于市场价出售商品。

但是圣贤们又说，如果这个人这样做了，他将得到人们的怀念！

"一个店主不能送给顾客炸果仁……"

圣贤们允许上面这种做法的原因是什么呢？因为这个店主可以对他的竞争者说："我给他们果仁，你可以给他们李子。"

"一个店主不能低于市场价出售商品。"

圣贤们允许这样做的原因又是什么呢？因为他帮助降低了商品的价格。

商人们被鼓励要使他们的产品对顾客有吸引力——但是，必须始终在严格的诚实范围内。

一个穷女人，她的苹果摊摆在哈依姆拉比家附近。一次她对哈依姆抱怨说：

"长老，我没钱去买安息日的东西。"

"那你的苹果摊怎么样？"哈依姆问她。

"人们说我的苹果不好，他们也就不愿意买。"

哈依姆拉比立刻跑到大街上高喊："谁要买好苹果？"

没一会儿，一大群人聚在他的身边。这些人掏出钱连看也不看，数也不数就买，这样所有的苹果以实际价的两三倍马上卖掉了。

"现在你明白了吧，"拉比在转身走开时对那个女人说，"你的苹果是好苹果，所有的差错都因为人们根本不知道这一点。"

一个人为了使他的劳动得到最高的报酬，采取劝说的方式来夸耀他的货物，这当然是很正常的。我们说这样的人是有雄心的，而且会成功的。但是，如果他不慎重衡量自己的行动，结果注定是罪恶的，而不是美好的。

但是，你会问："在讨价还价过程中，我们怎样才能使对方相信，我们卖给他的商品与我们索要的价格相符？"

在欺诈的和诚实的劝说之间，有一种显而易见的区别：给买主指出要卖的货物的优点，这完全是合理的，而欺诈则包含着隐藏商品的缺点。

不管买什么东西，买主总是希望对卖主和其他买主表现出礼貌和深思熟虑。

欺诈适用于买和卖，它还适用于说话。

如果某人不想买东西,他就不应该问:"这东西多少钱？"

一个人没钱时，他不应该装作想买东西。

这件事只有自己心里知道，只应该在心里知道所有的事，"害怕你的上帝"（虽然其他人不知道你的内心，但上帝知道）。

如果一个人试图买或租土地或家具，而另一个人又来买，那么我们说第二个人是怀有恶意的。

吉德尔拉比正在为买一块土地谈判，阿巴拉比走在了他的前面，买了那块土地。于是，吉德尔拉比向蔡恩拉拉比诉苦，蔡恩拉拉比就把这件事告诉了艾萨克拉比。

"等到阿巴拉比下一个节日来耶路撒冷时再说。"艾萨克拉比说。

等阿巴拉比来了后，艾萨克拉比就对他说："如果一个穷人正在挑选一块糕点，而另一个人来了，从他身旁把它拿走了，那是什么行为？"

"那是恶劣的行为。"阿巴拉比回答道。

"先生，那你为什么这样做呢？"艾萨克拉比问道（指那块土地）。

"我不知道他正在谈判。"阿巴拉比答道。

"那么你就还给他吧。"

"我不会把土地卖给他的，"阿巴拉比说道，"因为这是我买的第一块地，卖了它不会有好兆头。但是如果他想作为礼物收下的话，那可以。"

吉德尔拉比太傲慢了，不愿意作为礼物接受这块土地。引用《圣经》上的话："憎恨礼物的人将会生存。"

阿巴拉比现在也不想占有这块土地，因为他知道了吉德尔拉比曾经为这块土地谈判过。

所以两人都没要这块土地，它成了一块"拉比土地"，被当作学生聚会的地方。

穷人与富人

一个视钱如命的人从不会满足他所得到的金钱，同样，一个守财奴也不会满足他所得的钱。那实在是太可悲了。随着他财富的增多，他同时也需要消费，否则，财富拥有者的成功不就等于是满足自己眼睛的需要吗？

一个工人，不管他是否有足够的食物，他的睡眠总是安稳的；但是一个富人，尽管他物质财富充足，他却无法安稳地入睡。

一个最大的不幸在于：一个人不可能长期在世界上生存，从他赤条条地来到这个世界上的那天起，就注定终要从地球上消失，他不可能把他的财富永远带在身边。

所以，一个人辛辛苦苦地操劳一辈子，除了烦恼、不幸、愤怒陪伴他生活在黑暗中以外，还能有什么好处呢？

当一个人以他最大的能量、最细心的计划一心致力于捞取庸俗的好处，而且又企图以最有限的能力去促使这好处发展时，他应该考虑一下自己的灵魂。

以后他会发现他对那些世俗杂事的想法是他思想的最高点，而且在那方面的希望是他最崇高的期望，以至于没有任何一种财富能满足他的要求。他就像一团火，要想烧得更旺些，就得多加些柴禾。所以，他的整个身心都被那些世俗的爱好日日夜夜缠绕着。

他总是等待着商品积累出售的季节，他研究市场的状况，调查商品的价格，记录世界各地商品价格的升降。不管是严寒还是酷暑，也不管是海上的风暴还是沙漠上的长途旅行，都无法阻止他的行动。

他做这一切是希望能得到一个结果，事实上那里没有什么结果，只会使他的努力成为徒劳，除了延长他的痛苦、烦恼和辛劳之外，别无他得。如果他得到了一点点他所需要的以后，可能将得到的一切照看、管理好，使它免受灾难，直到它成为注定要归属的人的财产。

一个有钱人辛辛苦苦地积累着财富，但当稍有一点放松，他就会受到奢侈品的诱惑。

一个穷人辛苦地工作以维持他微薄的生活，当他放松一下，就会发现自己无法生存。

这个世界每天都在变化。今天富有的人明天就不一定富有，今天贫穷的人明天也不一定贫穷。

世界上没有什么事比贫穷更糟糕的了——它是所有痛苦中最可怕的。一个受贫穷压迫的人好像世界上所有的麻烦都会落到他身上，《圣经》提到的所有咒骂都会落在他身上。

我们的拉比说，如果把世界上所有的痛苦都放在天平的一边，那么天平那边就是贫困，贫困将在重量上超过它们之和。

一位虔奉宗教的人继承了一笔财富。一般情况下，在安息日前天，太阳落山前，他就要开始为安息日做准备。

一次，为了件急事，他不得不在安息日将近之时离开家。在回来的路上，一个穷人乞求他赏点钱，好买些食物过安息日。

这个虔奉宗教的人非常生气地指责这个穷人："你怎么能直到现在才想买过安息日的食品呢？没有人会等到这个时候，你一定是在骗我，想让我给你些钱！"

他到家后，把他遇到的这件事告诉了妻子。

　　"我要告诉你是你错了，"他妻子说，"在你的生活中，你从没有尝过贫困的滋味，也不知道穷是什么样子。我是在穷人家长大的。我记得很多次差不多天黑了，到了安息日的时间，我父亲还在为寻求一块能带回家的干面包而奔忙。对那个穷人，你是有罪的。"

　　这个虔奉宗教的人听了以后，就跑出来寻找这个乞丐，这个乞丐还在寻求过安息日的食物。这个富人给了他面包、鱼、肉和酒去过安息日，然后，他请求穷人原谅他。

　　有钱的农场主卡尔布的女儿自己决定跟拉比阿基巴订婚了。阿基巴当时是一个穷羊倌。当她的父亲听到这个婚约时，他发誓再也不会给他女儿一分钱。

　　这对年轻人在冬天结婚了，他们很穷，睡在稻草上。

　　"要是我能够买些装饰品多好，"阿基巴摘下他妻子头上的稻草说，"我将给你买一个带着耶路撒冷图片的金的装饰品。"

　　一天，先知艾利加来看他们，他乔装成一个凡人。"给我一些稻草吧，"他在他们门口喊道，"我妻子要生产了，可我没有什么东西可以让她躺下。"

　　"你瞧，"阿基巴对他妻子说，"我们以为自己很穷，可还有一个连稻草都没有的人呢。"

有个犹太拉比在一段教义中写道：人们通常为他们的穷亲戚而害臊，和他们保持着距离，否认他们是自己的亲戚。这种做法恰恰是与上帝意志相违背的。"穷人也是他的臣民，当他看见穷人时，总是赐予他们衣食。"《圣经》中的许多重要教义和后来的犹太法学书及伦理学家们都仿效上帝的这一种品德——尽一切可能地伸手帮助穷人。在希伯来语中，慈善一词是"zedakah"，即正义、正直的意思。教义始终强调，穷人有权利得到慈善，给予者和接受者双方都有各自的权利。

倘若在你们中间有一个穷人，别昧着你的良心，撒手不管。相反，你应该张开双手（借）给他所需要的一切。

毫不犹豫地给他东西，在没有任何怨言中做完这一切。作为回报，上帝会保佑你，使你的一切努力都有所偿，你的一切事业都能成功。在你力所能及的范围内永远别忘了需要你帮助的穷人，这就是我要你去向穷人张开双手，去帮助你领地里的穷亲友的原因。

我们期望的难道就是这么一种斋戒？使人们在这一天里挨饿？把头叩得像纸莎草一样摇摇摆摆？沉浸在悲切的气氛中？这就是你所谓的斋戒日，使上帝欢颜的一天？

决不是！这才是我所期望的斋戒：

去摆脱邪恶的压力，去解除绳索的束缚，让被压迫者获得自由，打破一切枷锁。

和饥饿者一起分享你的面包，让那些可怜的穷人去你家里；给裸者衣穿，不要怠慢了你的穷亲友……

倘若你能排除来自你心中的压力，放下指责别人的指头，丢弃邪恶的话语，给予饥饿者你的怜悯之心，让这些饥饿的生灵感到满足。

你的光辉就会在黑暗中显现，你心中的阴影就会像影子在正午天里一样消失无踪。

与对物质的关心相比，人应该更关心精神方面的东西，但是，他人的物质利益则属于自己精神方面的东西，要像关心精神方面的东西一样予以关心。

即使一个生活在没有慈善环境里的穷人也应该履行慈善的行为。

罗马统治者提内姆斯·卢浮斯问阿基巴拉比：

"倘若你的上帝热爱穷人，那他为什么不给予他们东西呢？"

阿基巴回答道："通过贫困的磨难，可以使我们摆脱地狱之苦。"

"而与上帝的意志相反，你的每一次慈善行为都该受到指责，因为你的行为跟上帝的意志不相容。"提内姆斯·卢浮斯说道。

"我用一个比喻来解释吧，假如一个凡间国王对他的侍从生气，把他打入监狱，并发令不给他吃喝。有个人却去给他吃的喝的，这事让国王听到了，难道他不会很生那个人的气吗？你被称为上帝的仆人，正像书里所写的一样，而对我来说以色列人都是仆人。"阿基巴拉比回答道："我用另一个比喻来解释吧。倘若有个凡间的国王生他王子的气，把他打入监狱并命令不给他饭吃，不给他水喝。有人却去给他饭吃，给他水喝，这事让国王知道了以后，难道国王不会报答那人？我们被称为上帝的孩子，正像书里所写的一样，'你们是上帝的孩子'。"

有个人一辈子都很自私。在他临终前，他的家里人要他吃点东西。"假如你给我一个煮鸡蛋，我会吃的。"他答道。

正当他准备吃鸡蛋时，有个穷人出现在他家门槛边行乞："可怜可怜我吧！"那个临死的人转身叫他家人把鸡蛋给那个穷人吃。

三天后，他死了。

过了一段时间，那个死者出现在他儿子身边，儿子问他："爸爸，你去的那个世界怎么样？"

那死鬼父亲答道："把你的实践付诸慈善，你就可以去你想去的地方。纵观我的一生，我做过的唯一慈善行为就是把那只鸡蛋给了那个穷人。于是，我死时，那个鸡蛋的价值就超过了我曾犯下的所有罪过，我已被允许去乐园了。"

这件事告诫人们："永远别停止积点善德。"

在一次旱灾中，阿巴胡拉比在梦中听到一种声音："让彭陀卡卡（一个一天中犯了五次罪的人）去祈求老天普降甘霖免除旱灾吧。"

彭陀卡卡照着干，于是雨便降临了。阿巴胡拉比传唤了他。

"你做了什么样的工作呢？"拉比问他。

"我一天中犯下五次罪。我雇佣妓女，我是剧院的侍从，我把那些妓女的衣服拿到洗澡房，我当着她们的面跳舞，我敲打鼓和乐器。"

"那你做过什么样的好事呢？"

"有次我正清扫着剧院，有一女人走了进来，站在剧院后台哭泣。'你怎么啦？'我问她。她答道：'我丈夫被关在监狱里，我来这里出卖肉体就是为了挣到足够的钱让他获得自由。'

"听完她的哭诉，我卖掉了我所有的一切，包括我的床铺和床上用品。我把所得的钱交给她，并告诉她去赎回她的丈夫和赦免自己的罪过。"彭陀卡卡回答说。

阿巴胡拉比说道："所以你祈求老天降雨是应该得到回报的。"

《圣经》里面讲了一个很感人的故事。故事是说在摩押的地方有个叫路得的年轻妇女，在她丈夫死后拒绝离开她的婆婆拿俄米的事。婆媳两人来到犹大那里。为了生活，路得到田里拾稻穗。田产拥有者是拿俄米的亲戚波阿斯，稻谷收完后不久，波阿斯就娶路得为妻。

对于像路得和拿俄米这样的穷人来说，拾稻穗为生是非常艰辛的。而对土地拥有者们而言，《圣经》教诲他们在收割稻谷时把其中一部分留给穷人去拾取。比如，在收割期间，麦粒或稻穗遗落在田地里，这些遗落的稻谷自然就该属于穷人了。问题是农场主并不肯把那些穗粒送给穷人，那些需要穗粒的人也简单地认为遗落在田埂上的穗粒属于他们。接受帮助和回避救济以便自己保持尊严渗透在整个犹太教义之中。迈蒙尼德的八点慈善建议就是对这种理论的最有名的解释。

当你在田地里收割庄稼并把一捆稻穗遗落在田地里时，不要再回去捡，那些东西该属于陌生人、失去父亲的人和寡妇……

当你摇动橄榄树捡取果子时，不要再搜找一遍，那些东西该属于陌生人、失去父亲的人和寡妇……

当你在葡萄园里收取葡萄时，不要再挑选一遍，那些东西该属于陌生人、失去父亲的人和寡妇……

慈善的报答完全依附于仁慈的程度。

有许多例子可以说明借比给予（别人东西）更好些：

卢宾是个诚实的人，他请求西米昂借给他一点钱。西米昂毫不犹豫就把钱借给了卢宾，并对他说："我真的想把这点钱作为礼物送给你。"

西米昂的话使得卢宾难堪极了，并感到受了侮辱，于是，他再也不向西米昂借钱了。很清楚，在这件事上，如果西米昂不把钱作为礼物送给卢宾会更好些。

如果你想拯救一个人于污泥之中，不要以为站在顶端，伸出援助之手就够了。

你应该善始善终，亲身到污泥里去，然后用一双有力的手抓住他。这样，你和他都将重新从污泥中获得新生。

有八种慈善行为，一种比一种境界高。最高的一种慈善行为是：一个人打算帮助穷苦的犹太人，他给这个犹太人赠送礼品、贷款，接纳他为贸易伙伴，并帮助他找到工作——一句话，就是使他无需再得到别人的帮助。

其次一种慈善行为是：有个人把救济物品送给穷人，并以以下这种方式进行：即给予者不知道把财物送给了谁，接受者也不知道谁给他的财物。举个例子说，在古寺庙里有一个秘密的地方，贤德之人秘密把礼物放到那里，而贫困的人们会到那里秘密地接受他们的救助。

差一点的慈善行为是：一个人把钱放到慈善箱里。只有放钱人确信主管慈善箱的人值得信赖，并有能力管好这笔钱，才会把钱放到箱里。

再差一点的慈善行为是：穷人知道自己是从谁那里得到的救济，但是施予的人却不知他把救济物品施予了谁。那些施予者把钱用围巾系好放到自己背后，以便穷人能在一种不致窘困的情况下接受帮助，这种做法确实很聪明。

再差一点的慈善行为是:亲手把礼物送到接受者的面前。

再差一点的慈善行为是：只在穷人请求帮助时，才伸出援助之手。

再差一点的慈善行为是：给予穷人的财物与自己拥有的财产大为不符，但却表现出一副慷慨解囊的样子。

最差的慈善行为是：给予穷人礼物时露出十分不悦的神色。

一个已经完成抚养儿女义务的父亲为了使自己的儿子研究《圣经》、使女儿受到教育走上正直的道路，而依然向已经成年的儿女提供资助，这是一种慈善行为。这些原则和限制也同样适应于儿女向父母施予救济的情况。事实上，在一般情况下，一个人在施予救济时，自己的父母、子女比别人要有优先权。

一个人应先向自己亲戚施予，然后再向他人施予。自己家中的穷人在接受施予方面要优先于本城的穷人。自己城中的穷人在接受施予方面要优先于其他城市的穷人，以色列领土上的穷人在接受施予方面优先于以色列领土以外的穷人。

希莱其阿拉比是"楼厅画家"胡尼的孙子。每当干旱时，拉比就会给他一个信号，只要他一祈求，雨水就会降临。

有一次，人们特别渴望天降甘霖，便委托两名学者去向希莱其阿拉比求救。

希莱其阿对他妻子说："我知道这两个人是来向我求降雨水的。我们先在他们到来以前去屋顶上去求雨吧！以便我们不至于因这场雨而得到赞誉。"

于是他们来到了屋顶，希莱其阿拉比站在一个角落里，他的妻子站在另一个角落里，云和雨首先从他妻子站的那个角落出现。

当那两个学者到来时，希莱其阿问他们为什么而来，他们便把此行目的告诉了希莱其阿拉比。"我们知道快要下雨了……但是为什么云彩首先出现于贵夫人站的角落，然后才出现在你那角落呢？"他们不解地问。

"这是因为我妻子待在家里给穷人们面包吃，他们可以立即享受到面包的滋味；而我给他们钱，钱却不能使他们立刻享受到快乐。"

政府、法律与正义

世界因三件事得以保存：诚实、公断以及和睦。如经文所说："在城门口按至理判断。"

全世界的人都有这样的经验：把一捆芦苇捆在一起，任何人都折不断；如果一根根分开，连孩子都能折断。

有三种人的生活质量不高：敏感的人、易怒的人和忧郁的人。

两人争吵时，先行沉默的人值得赞扬。

听见侮辱并对其置之不理的人才是幸福的，万恶绕其身而过。

脾气有四种：

一种人易怒也易息怒，这种人失得相抵；

一种人发怒难平息也难，这种人得失相抵；

一种人发怒难平息易，这种人是圣人；

一种人发怒易平息难，这种人是恶人。

不要轻贱正义，因为它是支撑世界的三足之一，一旦颠倒，便动摇了世界的根基。

法官应时刻想着利剑对着心窝，地狱就在脚下，做法官的人应该聪慧、谦恭，惧怕犯罪，有好的名声，受人欢迎。

在某位拉比过桥时，一个人伸手扶了他一把。拉比问："你为什么要这样做呢？"那人回答说："我的一桩诉讼尚未结案。"拉比说："那么，我没有资格对此做出裁决。因为法官不得接受金钱贿赂自不必说，就是其他非物质的贿赂也禁止。"《塔木德》认为，世界降临的一切灾难，都是由于法律的不公造成的。

为政权的稳定祈祷。因为如果没有对它的敬畏，任何人都可吞食其邻人。

《圣经》上说："你们已使人类变得像海中之鱼，像遍地蔓延而无统治者的东西。"

为何将人类比作海中之鱼呢？就是因为在海中，大鱼吃小鱼，而人类也是这样。若没有对政府的敬畏，将会弱肉强食。

《箴言》一篇中说："看看那些蚂蚁，你们这些懒人……没有头领，没有管理或统治者……"

西米昂先生（著名的"实验家"）决定观察蚂蚁是否有蚁王。

盛夏，他来到一个蚁冢跟前，将外套展开盖上去。一只蚂蚁出来了，发现了阴凉处，它回去告诉其他蚂蚁外面很阴凉(恐怕蚂蚁不喜欢烈日吧)。立刻所有蚂蚁都出来了，然后西米昂拿走他的外套，炽热的阳光直射到蚂蚁身上。

所有的蚂蚁都扑向第一只蚂蚁将它杀死。西米昂说："很明显，它们没有蚁王。因为如果它们有，它们就不会不经蚁王允许而杀死那只蚂蚁（法律可以约束它们相互之间的行为）。"

上帝对大卫的所作所为很不高兴，于是派纳坦到大卫那儿。纳坦到了他那儿说：

"在同一城市里有两个人，一个富一个穷。这个富人有很大的羊群和牛群，可这个穷人只有一只买来的小母羊。他细心喂养它，小母羊同他和他的孩子一起成长。一天，一个过路人到富人那儿，但富人不愿用自己的牛羊招待客人，他拿那穷人的小羊羔为客人准备用餐。"

大卫对此人勃然大怒，他对纳坦说："只要上帝存在，做这种事的人就该死！……"

纳坦对大卫说："那人就是你！"

一个人不能做他所爱或所恨之人的法官。因为没有人能看到他所爱之人的罪行或所恨之人的长处。

当那些在审判时不公正的人增多时……人们将摆脱上天的束缚而将人类自己的束缚重加于自己身上。

听百姓把话讲完，然后公正地裁决任何人与以色列同胞或与过路人之间的争端。

你们不能判决不公，无论其高低贵贱，都要听其把话讲完。不要畏惧任何人，因为公正是上帝的……

"听百姓把话讲完，然后再公正裁决。"这是海妮娜拉比在警告法官在另一方未到之前莫轻信一方诉讼当事人，和警告诉讼当事人在对方未到之前莫急于向法官解释该案时说的。

"你们不能审判不公。"犹大拉比说这话的意思是你们不能偏向一方，而艾黎扎拉比说这话的意思是不能对任何人抱有偏见……

"无论其高低贵贱，都要听其把话讲完"——拉基什拉比解释说，这就说明了无论案件涉及金钱多少，都要一视同仁。

你们不能做出一个不公的判决：不要偏向穷人或对富人特殊照顾，要公正地对待你们的同胞。

"不要偏向穷人"——不要说："这是个穷人，无论如何富人都必须服从他。我将从他的利益出发，这样他将以体面的方式得到帮助。"

"或者对富人特殊照顾"——不要说："这是个富人，是贵族之后，我怎能让他丢脸或亲眼目睹他丢脸呢？"

怎样盘问证人呢？证人们被带到一个房间里，向他展示法庭威严气氛，然后除主要证人外均被放出。

法官对主要证人说："告诉我们，你是怎么知道某人欠某人钱的？"

如果他回答是"他告诉我，'我欠他这么些钱'"，或"某人告诉我他欠他钱"，那他的证词是毫无价值的。他应能宣布："我们在场，他对另一人承认他欠他两百祖兹。"

之后，第二个证人接受盘问。如果他们的证词相符，法官才讨论此案。

一个人只与他自己有关，所以没有人能宣布自己有罪。

《圣经》说法庭不能依据一个人的自首而处死他或鞭打他，只能依据两个证人的证词行事。

因为很可能当一个人自首时他思绪混乱。也许他长期处于悲惨境遇，精神痛苦，想了却一生，利剑穿腹或跳楼自尽。也许这就是促使他承认自己犯有罪行的动机，以便能被处死。

总而言之，任何人不能依据他自己的招认而被认为有罪，这个原则是神的旨意。

民事案件由三个法官审判，而人命案由二十三个法官审判……不管宣告无罪还是宣判有罪，民事案件均依三分之一裁决；人命案则依三分之一来宣告无罪，而依三分之二来宣判有罪。

民事案件中，裁决可以从宣告无罪变为有罪或有罪变为无罪。但在人命案中，陪审团的裁决只能从宣判有罪变为无罪。

民事案件中，每个人（包括旁听审判的学生们）都可以为原告或被告辩护；人命案中，每个人只可以为被告进行无罪辩护而不能进行有罪辩护……

民事案件中，法官可以从有罪辩护转为无罪辩护，反过来也行。人命案中，法官可从有罪辩护转为无罪辩护，反过来不行。

民事案件中，可在同一天内宣告无罪或宣判有罪。但人命案中，在同一天内裁决可以是宣告无罪，次日方可宣判有罪的裁决。

人命案中怎样使证人敬畏法律呢？把他们带到法庭上，这样警告他们：

"也许你所讲的是按照情况推测的证词，或者是传闻，或者是小道消息，即使有可靠的消息来源。也许你不知道我们将仔细审查你的证词。"

注意，人命案不像涉及金钱的案子。在民事案件中，可通过赔偿（给受害者）求得宽恕。人命案中，凶犯要对受害者及其后代负责到底。因此我们在该隐一案中（该隐杀了他的弟弟），发现《圣经》说：'你弟弟的鲜血向我鸣冤。不是少量鲜血而是大量鲜血。'意即该隐及其后代的鲜血……"

证人的证词只有在他亲眼目睹凶犯行凶时才能成立，不管有多大危害，法庭都不能接受按情况推测的证词。下面有个极端的案例，说明由于未直接目击凶犯的行凶过程而使证词无效。

"按情况推测的证词"是什么意思？

法官对证人说："也许你见了一个人追另一个人进入一片废墟。你跟着他并发现他手持利剑，剑上滴血，而被害者在地上痛苦地抽搐。如果你仅看到这些，你其实什么也没看到。"

犯人被处决，事先应给他一杯酒，酒中有一粒乳香，喝了它会变得麻木迟钝。

一个法院如果七年判决了一次死刑，将被认为是残忍的法院。艾黎扎说："甚至十七年一次也是残忍的。"

塔福恩拉比和阿基巴拉比说："如果我们是最高法院的成员，不会判任何人死刑。"

迦马列拉比说："如果这样，他们（塔福恩拉比和阿基巴拉比）将使以色列杀人犯倍增。"

某人有个朋友叫坎扎，一个仇人叫巴·坎扎。他有一次举办晚会，没叫他的仆人去请巴·坎扎，但这个仆人却把巴·坎扎请了来。

"你来这干吗？"这个人问道。

巴·坎扎回道："既然把我请来了，就请让我待在这儿吧。我会负责我自己的吃喝花销的。"

"不。"这人道。

"那么让我分担这次晚会的一半花费吧！"

"不。"

"那让我承担这次晚会的全部花销吧！"

"再说一遍，不。"

这人抓住巴·坎扎的手臂，把他推出门外。

巴·坎扎说："既然所有的拉比都出席了晚会，但是却没有一个出来阻拦他，这说明拉比们已经跟他同流合污了。我要到皇帝那里去告他们谋反。"

"我怎么才能确认呢？"皇帝问道。

"送些祭品到他们的圣殿去，"巴·坎扎献计道，"看看他们会不会把它当作祭品放到祭坛上去。"

皇帝就赐给他一只没有任何瑕疵的小牛，叫他牵到犹太人那儿去。在半途中，他故意在小牛的嘴上弄了个污点(也有人说是在眼睛上)——总之是在犹太人忌讳的地方。

拉比们倾向于将它放到祭坛上去，以免得罪皇帝。

但是阿夫基鲁斯对在场的人说："人民会说我们用有瑕

疵的牛做祭品。"

随后又有人建议将巴·坎扎杀了，免得走漏风声。

阿夫基鲁斯又一次加以干涉。

"难道我们要杀死一个弄脏祭品的人吗？"他争辩道。

有关这次事件的结果，约哈南评论道："由于阿夫基鲁斯的优柔寡断，我们的家园被毁，圣殿被烧，人民被赶出了家园。"

以色列人此刻都聚集在贝特里蒙平原上。当皇帝的陪使到来之时（他带来了不再重新修建圣殿的消息），人们都放声大哭，要反抗罗马人。圣人们因此决定派约哈南拉比去平息人民的怒火。

约哈南拉比对人们说：

"有一次一只狮子吃掉了一只野兽，但喉咙被一根骨头卡住了。他通告说：'谁要是替我把骨头拔出来，我就重重赏谁。'

"一只长嘴埃及苍鹭帮狮子把骨头拔了出来，然后它去讨赏。

"'滚！'狮子回答道，'你可以回去吹嘘说你平安地把头伸进狮子的嘴里，然后又平安地出来了。'"

"既然这样，"约哈南说，"我们应该为这一点感到高兴：我们曾经和和气气地跟他们打交道并且平安回来了。"

大卫召了他儿子所罗门来，嘱咐他给耶和华——以色列的神建造殿宇。他对所罗门说："我儿啊，我心里本想为耶和华我神的名建造殿宇；只是耶和华对我说：'你流了多人的血，打了多次大仗，你不可为我的名建造殿宇，因为你在我眼前使多人的血流在地上。'"

在沙巴斯，任何人都不许佩剑、执弓和带长矛以及盾和长钉……艾黎扎拉比说："但这些东西只不过是些装饰而已（他们只是带着，而不是佩着、执着）。"

圣人们说：它们是可耻的，因为据说：

他们应该铸剑为犁；

锻矛为修枝剪；

一个国家或民族，

不应以另一个国家或民族为敌；

他们应该永不再知道战争。（《以赛亚书》2：4）

当包围一个城市的目的是为了攻占它时，不应该四面八方都围得铁桶一般，而应只围三面，以便给那些想逃生的人一个机会。

据传这是给墨斯的命令。

在参加战斗之前……军官应对他的部队宣告说：

"谁建了房屋尚未举行落成仪式的，他可以回家去，以免他阵亡，别人替他去举行仪式。

"谁种葡萄园，尚未吃过所结的葡萄，他可以回家去，以免他阵亡，别人去吃。

"谁定了亲，尚未迎娶，他可以回家去，以免他阵亡，别人把她娶走。"

军官还应该继续对他的士兵说："你们中有谁惧怕、胆怯，他可以回家去，以免影响兄弟们的士气。"

那天，将会出现一条从埃及直通亚述的大道。亚述人将进入埃及，埃及人也将进入亚述，然后所有的亚述人、埃及人都会来敬拜耶和华。

那天，以色列必与埃及、亚述三国一律，使地上的人得福；因为耶和华会赐福他们，说："埃及是我的百姓，亚述是我亲手所建，以色列是我的产业，它们都有福了。"

当某位外乡人定居在你的土地上时，你不能错待他，他会同你一样成为本国的公民；你应像爱你自己一样爱他，因为你也曾是埃及这块土地上的外乡人，我是你的上帝。

犹太法学权威们提醒我们应牢记挪亚给予其子民的七

条戒律：

　　建立法制，禁止亵渎神明的言行，禁止偶像崇拜，禁止不道德性行为，禁止流血杀戮，禁止偷窃，禁止食用动物。

　　上天和大地可以做证，神圣的精神存在于每个人身上：犹太人或非犹太人，妇女或男子，女仆或男仆。一切取决于他（她）所做的事情。

　　我们怎么知道在上帝眼里潜心研究《圣经》非犹太人的地位与高级拉比等同呢？

　　《圣经》是这么说的："你应该遵守法律和准则，这样，人类才可以生存。"

　　《圣经》中没说"拉比、利未人和犹太人"，而是说"人类"。所以，我们知道在上帝眼里，研究《圣经》的人的地位与高级拉比是相同的。

　　我们的主要求的是我们的一片真心，而真心乃凡事之根本。因此，哲人们说即使不信犹太教的人只要有虔诚的心，在未来的世界里，同样占有自己的地位。

　　不可否认，用高尚的道德思想和忠于上帝的智慧充实自己心灵的每个人，肯定属于未来世界。

如何找到幸福的钥匙（代跋）

马可·奥勒留也许是西方历史上唯一一位哲学家皇帝。他是一个比他的帝国更加完美的人，他的勤奋工作最终并没有能够挽救古罗马，但是他的《沉思录》却成为西方历史上最为感人的伟大名著之一。马可·奥勒留是一个悲怆的人，在一系列必须加以抗拒的欲望里，他感到其中最具有吸引力的就是想要隐退，去过一种宁静的乡村生活的那种愿望。对于马可·奥勒留来说，《沉思录》是一部写给自己的书，他渴望找到一把幸福的钥匙，这种动力来自他对自己身羁宫廷和所处乱世的真切感受，追求一种冷静而达观的生活是他人生的理想。

这本书的畅销，不仅仅因为腰封上打出了这是一部"温总理读了百遍的案头书"，还在于它迎合了某种时代的情绪。正如何怀宏先生"译者前言"中所言："我们大概可以说，斯多葛派哲学能够为一个处于混乱世界，面对道德低潮而又感到个人无能为力的人、为一个在个人生活方面遭受挫折和失望（这是永远也免不了的），但又不至于向上帝请求援手的人，提供最好的安慰，不过也要小心这种安慰变为麻醉。"所以美国的一位教授将《沉思录》誉为"有一种不可思议的魅力，甜美、忧郁和高贵"。它的高贵，来自作者思想的严肃、庄重、纯正和主题的崇高；它的忧郁，也许来自作者身处乱世的身心疲惫；而它的甜美，则只能是作者渴望一种心灵的安宁和静谧罢了。

通向幸福的道路有千万条，《沉思录》适合于那些功成名就的人归隐山林时阅读，有中国"老庄"式的逍遥和消极的况味。而对于大多数的普通老百姓来说，更适合阅读犹太人的"《论语》"和第二部"圣经"——《塔木德》，它是人类通向幸福的必经之路。它不仅教会了犹太人思考什么，而且教会了他们如何思考。它用一种始终如一的声音，构建了犹太人的世界观。它宛如一位和蔼可亲的朋友或思想深邃的学者，始终和每一个犹太人进行交流和讨论，并穿透琐细的生活，让人感觉到鲜活的智慧和触及万物的力量。因此，无论从内容的广度和深度，还是从思想的鲜活和给人以启迪方面，《塔木德》的成就都远远高于《沉思录》。这是因为，《塔木德》成书于公元 3 ～ 5 世纪，由 1500 名犹太智者共同完成，而《沉思录》的作者仅仅是一个人。

《塔木德》为"幸福生活"下的定义是：

物质上的欢乐是从不存在的，因为罪孽总是随之而来。

例如……当一个人染上了大吃大喝的恶习以后，任何一次奢侈机会的丧失对他都将是一场灾难。为了维持他所习惯了的餐宴，他将不得不卷入险恶的金钱交易之中，伴随而来的便是谎言、虚伪、贪婪……然而只要他拒绝那种享受欲望的引诱，他将避免这一切罪孽。

更多的肉食，意味着更多的蛀虫。

更多的拥有，意味着更多的担忧。

更多的妻子，意味着更多的巫术。

更多的女仆，意味着更多的淫邪。

更多的男佣，意味着更多的抢劫……

紧接着，又讲了这样一则故事：

有个人住进了华沙的一家客店。晚上，他听到邻居家传来音乐和跳舞的声音。

"他们准是在庆祝婚礼呢。"他想。

第二天晚上，他又听到了同样的声音。第三天，第四天，依然如此。

"一个家庭怎么会有这么多婚礼？"他问客店老板。

"那所房子是婚礼大厅。"老板答道，"今天是这家举行婚礼，明天则是另外一家。"

"啊，这正像我们居住的这个世界，"拉比说，"人们都在享受幸福和欢乐，只不过有时是这些人，有时是另外一些人。没有人能够永远幸福。"

追寻幸福钥匙的人啊，这些耐人寻味的至理名言统统来自经典名著《塔木德》（目前市场上存在的《塔木德》正版只有四种，一种是山东大学版的《大众塔木德》，一种是商务印书馆版的《塔木德四讲》，另一种就是重庆出版社版的真正的羊皮卷《塔木德》，最新的一种就是本书，其他号称"塔木德大全"之类的书均为拼凑之作和伪书）。

贺雄飞

图书在版编目（CIP）数据

塔木德 / 塞妮亚编译 . —上海：上海三联书店，2015.7（2023.11重印）
ISBN 978-7-5426-5127-3

Ⅰ．①塔… Ⅱ．①塞… Ⅲ．①犹太教－宗教经典 Ⅳ．① B985

中国版本图书馆 CIP 数据核字（2015）第 054665 号

塔木德

编　　译 /	塞妮亚
总 策 划 /	贺鹏飞
责任编辑 /	陈启甸
特约编辑 /	宗珊珊
装帧设计 /	Metis 灵动视线　TEL.010-85983452
监　　制 /	李　敏
出版发行 /	上海三联书店

　　　　　　　(201199) 中国上海市都市路 4855 号 2 座 10 楼
　　　　　　　http://www.sjpc1932.com

印　　刷 /	三河市中晟雅豪印务有限公司
版　　次 /	2015 年 7 月第 1 版
印　　次 /	2023 年 11 月第 35 次印刷
开　　本 /	787×1092　　1/32
字　　数 /	107 千字
印　　张 /	6.125

ISBN 978-7-5426-5127-3/B · 401

定　价：36.00元